Bibliothek der Mediengestaltung

Konzeption, Gestaltung, Technik und Produktion von Digital- und Printmedien sind die zentralen Themen der Bibliothek der Mediengestaltung, einer Weiterentwicklung des Standardwerks Kompendium der Mediengestaltung, das in seiner 6. Auflage auf mehr als 2.700 Seiten angewachsen ist. Um den Stoff, der die Rahmenpläne und Studienordnungen sowie die Prüfungsanforderungen der Ausbildungs- und Studiengänge berücksichtigt, in handlichem Format vorzulegen, haben die Autoren die Themen der Mediengestaltung in Anlehnung an das Kompendium der Mediengestaltung neu aufgeteilt und thematisch gezielt aufbereitet. Die kompakten Bände der Reihe ermöglichen damit den schnellen Zugriff auf die Teilgebiete der Mediengestaltung.

Weitere Bände in der Reihe http://www.springer.com/series/15546

Peter Bühler
Patrick Schlaich
Dominik Sinner

Medienmarketing

Branding – Werbung – Corporate Identity

Peter Bühler
Affalterbach, Deutschland

Patrick Schlaich
Kippenheim, Deutschland

Dominik Sinner
Konstanz-Dettingen, Deutschland

ISSN 2520-1050   ISSN 2520-1069   (electronic)
Bibliothek der Mediengestaltung
ISBN 978-3-662-55394-7   ISBN 978-3-662-55395-4   (eBook)
https://doi.org/10.1007/978-3-662-55395-4

Die Deutsche Nationalbibliothek verzeichnet diese Publikation in der Deutschen Nationalbibliografie; detaillierte
bibliografische Daten sind im Internet über http://dnb.d-nb.de abrufbar.

Springer Vieweg
© Springer-Verlag GmbH Deutschland, ein Teil von Springer Nature 2019

Springer Vieweg ist ein Imprint der eingetragenen Gesellschaft Springer-Verlag GmbH, DE und ist ein Teil von
Springer Nature
Die Anschrift der Gesellschaft ist: Heidelberger Platz 3, 14197 Berlin, Germany

The Next Level – aus dem Kompendium der Mediengestaltung wird die Bibliothek der Mediengestaltung.

Im Jahr 2000 ist das „Kompendium der Mediengestaltung" in der ersten Auflage erschienen. Im Laufe der Jahre stieg die Seitenzahl von anfänglich 900 auf 2700 Seiten an, so dass aus dem zunächst einbändigen Werk in der 6. Auflage vier Bände wurden. Diese Aufteilung wurde von Ihnen, liebe Leserinnen und Leser, sehr begrüßt, denn schmale Bände bieten eine Reihe von Vorteilen. Sie sind erstens leicht und kompakt und können damit viel besser in der Schule oder Hochschule eingesetzt werden. Zweitens wird durch die Aufteilung auf mehrere Bände die Aktualisierung eines Themas wesentlich einfacher, weil nicht immer das Gesamtwerk überarbeitet werden muss. Auf Veränderungen in der Medienbranche können wir somit schneller und flexibler reagieren. Und drittens lassen sich die schmalen Bände günstiger produzieren, so dass alle, die das Gesamtwerk nicht benötigen, auch einzelne Themenbände erwerben können. Deshalb haben wir das Kompendium modularisiert und in eine Bibliothek der Mediengestaltung mit 26 Bänden aufgeteilt. So entstehen schlanke Bände, die direkt im Unterricht eingesetzt oder zum Selbststudium genutzt werden können.

Bei der Auswahl und Aufteilung der Themen haben wir uns – wie beim Kompendium auch – an den Rahmenplänen, Studienordnungen und Prüfungsanforderungen der Ausbildungs- und Studiengänge der Mediengestaltung orientiert. Eine Übersicht über die 26 Bände der Bibliothek der Mediengestaltung finden Sie auf der rechten Seite. Wie Sie sehen, ist jedem Band eine Leitfarbe zugeordnet, so dass Sie bereits am Umschlag erkennen, welchen Band Sie in der Hand halten. Die Bibliothek der Mediengestaltung richtet sich an alle, die eine Ausbildung oder ein Studium im Bereich der Digital- und Printmedien absolvieren oder die bereits in dieser Branche tätig sind und sich fortbilden möchten. Weiterhin richtet sich die Bibliothek der Mediengestaltung auch an alle, die sich in ihrer Freizeit mit der professionellen Gestaltung und Produktion digitaler oder gedruckter Medien beschäftigen. Zur Vertiefung oder Prüfungsvorbereitung enthält jeder Band zahlreiche Übungsaufgaben mit ausführlichen Lösungen. Zur gezielten Suche finden Sie im Anhang ein Stichwortverzeichnis.

Ein herzliches Dankeschön geht an Herrn Engesser und sein Team des Verlags Springer Vieweg für die Unterstützung und Begleitung dieses großen Projekts. Wir bedanken uns bei unserem Kollegen Joachim Böhringer, der nun im wohlverdienten Ruhestand ist, für die vielen Jahre der tollen Zusammenarbeit. Ein großes Dankeschön gebührt aber auch Ihnen, unseren Leserinnen und Lesern, die uns in den vergangenen fünfzehn Jahren immer wieder auf Fehler hingewiesen und Tipps zur weiteren Verbesserung des Kompendiums gegeben haben.

Wir sind uns sicher, dass die Bibliothek der Mediengestaltung eine zeitgemäße Fortsetzung des Kompendiums darstellt. Ihnen, unseren Leserinnen und Lesern, wünschen wir ein gutes Gelingen Ihrer Ausbildung, Ihrer Weiterbildung oder Ihres Studiums der Mediengestaltung und nicht zuletzt viel Spaß bei der Lektüre.

Heidelberg, im Frühjahr 2019
Peter Bühler
Patrick Schlaich
Dominik Sinner

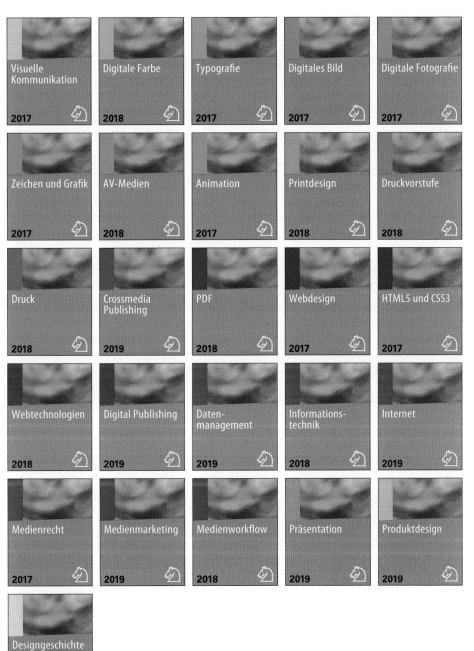

**Bibliothek der Medien-
gestaltung**

Titel und
Erscheinungsjahr

Weitere Informationen:
www.bi-me.de

Visuelle Kommunikation — 2017
Digitale Farbe — 2018
Typografie — 2017
Digitales Bild — 2017
Digitale Fotografie — 2017

Zeichen und Grafik — 2017
AV-Medien — 2018
Animation — 2017
Printdesign — 2018
Druckvorstufe — 2018

Druck — 2018
Crossmedia Publishing — 2019
PDF — 2018
Webdesign — 2017
HTML5 und CSS3 — 2017

Webtechnologien — 2018
Digital Publishing — 2019
Datenmanagement — 2019
Informationstechnik — 2018
Internet — 2019

Medienrecht — 2017
Medienmarketing — 2019
Medienworkflow — 2018
Präsentation — 2019
Produktdesign — 2019

Designgeschichte — 2019

4 Corporate Identity 38

5   Werbung   54

6   Anhang   90

1.1 Marketing

Marketingmix

Das Marketing wird üblicherweise in vier Bereiche gegliedert, auch Marktsegmente genannt:
- Produkte (Product)
- Preise (Price)
- Märkte (Place)
- Werbung (Promotion)

Das Marketing hat die Aufgabe, Gewinne für ein Unternehmen zu erwirtschaften, indem die richtigen Produkte (Güter und Dienstleistungen), zum richtigen Preis, auf dem richtigen Markt, mit den richtigen Werbemaßnahmen platziert werden.

Hieraus ergeben sich im Englischen die vier Ps des Marketingmix: „Product, Price, Place, Promotion." Alle Marketingmaßnahmen können diesen vier Bereichen zugeordnet werden. Für die Bereiche werden unterschiedliche Fachbegriffe genutzt:
- *Product:* Produkte, Produktpolitik, Produktmix
- *Price:* Preise, Preispolitik, Konditionenpolitik, Kontrahierungspolitik, Kontrahierungsmix (Kontrahierung = „Vertragsabschluss" Bereich, der sich mit dem Absatz von Gütern beschäftigt)
- *Place:* Märkte, Distributionspolitik, Distributionsmix (Distribution = „Verteilung", Prozesse, die sich mit der Verteilung von Gütern befassen)
- *Promotion:* Werbung, Kommunikationspolitik, Kommunikationsmix

Früher wurde im Marketing meist für bestimmte Produkte eine passende Vermarktungsstrategie entwickelt. Eine Uhrenfabrik hat sich also Gedanken gemacht, wie man die produzierten Uhren am besten verkaufen kann und wer die passende Zielgruppe darstellt (Verkaufskonzept). Heute haben sich

© Springer-Verlag GmbH Deutschland, ein Teil von Springer Nature 2019
P. Bühler et al., *Medienmarketing*, Bibliothek der Mediengestaltung,
https://doi.org/10.1007/978-3-662-55395-4_1

Firmen meist insofern verändert, als sie sich zunächst die Frage stellen, welche Produkte von der anvisierten Zielgruppe benötigt werden bzw. für welche Produkte bei der Zielgruppe ein Wunsch geweckt werden kann (Marketingkonzept). Das Marketing spielt deshalb eine immer bedeutendere Rolle, die bereits bei der Unternehmenskonzeption und Produktentwicklung einsetzt.

Der Begriff „Marketing" bezeichnet allgemein den Unternehmensbereich, der sich mit dem Absatz erzeugter Güter oder Dienstleistungen auf einem Markt beschäftigt.

1.1.1 Medienmarketing

Der Titel dieses Buches lautet „Medienmarketing"; das Buch behandelt also speziell den Teil des Marketings, der sich mit der Konzeption und der Gestaltung von Medien beschäftigt.

Konkret bedeutet das, dass hauptsächlich die folgenden Themenbereiche besprochen werden, in die das Buch auch gegliedert ist: *Zielgruppen*, *Branding*, *Corporate Identity* und *Werbung*.

Zielgruppen

Jede Marketingmaßnahme muss auf die gewünschte Zielgruppe abgestimmt werden, daher ist es zuallererst wichtig, sich mit dem Markt und den Besonderheiten der betreffenden Kunden zu beschäftigen. Nur wer seine Zielgruppe genau kennt, kann die geeignete Marketingmaßnahme auswählen.

Branding

Wir kennen es von den großen Marken unserer Zeit, eine Marke wie „Coca-Cola" oder „Apple" „steht für etwas". Branding macht aus einem unbekannten Unternehmen eine Marke, bei der alleine schon der Name einen monetären Wert darstellt.

Die Entwicklung einer Marke ist ein Prozess, beginnend mit der strategischen Positionierung einer Marke, indem man sich Gedanken macht, welche Werte eine Marke repräsentieren soll. Die Corporate Identity wird entsprechend dieser Markenpositionierung konzipiert und einzelne Werbemaßnahmen richten sich wiederum nach der Corporate Identity.

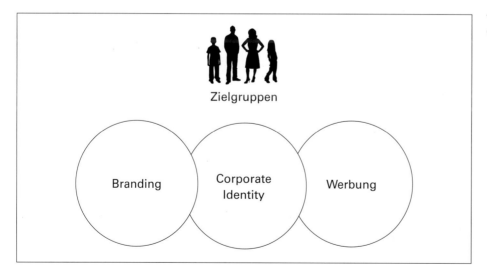

Themenbereiche dieses Buches

Corporate Identity

Das Ziel der „Corporate Identity" (CI) ist es, einen Betrieb, einen Verband oder einen Verein nach außen einheitlich, für den Kunden stimmig wirken zu lassen. Elemente der CI sind das Verhalten (Corporate Behaviour), die Aussagen (Corporate Communication) und das Erscheinungsbild (Corporate Design).

Werbung

Einzelne Werbemaßnahmen, wie ein Flyer oder auch ein Event, verfolgen jeweils ein bestimmtes Marketingziel. Werbung richtet sich nach den Vorgaben der CI und dem Branding, sie entspricht in ihrer Gestaltung und Tonalität den Bedürfnissen der betreffenden Zielgruppe.

1.1.2 Marketingziele

Die Ziele des Marketings und damit die Ziele eines Unternehmens können in drei Bereiche eingeteilt werden:
- Quantitative Ziele
- Qualitative Ziele
- Strategische Ziele

Quantitative Ziele

Quantitative Ziele sind zugleich ökonomische Ziele, also Ziele, die eine wirtschaftliche Verbesserung herbeiführen sollen. Beispiele hierfür sind die Steigerung von:
- Absatz (Anzahl der verkauften Produkte und Dienstleistungen)
- Umsatz (Wert der verkauften Produkte und Dienstleistungen)
- Deckungsbeitrag (Betrag, der nach Abzug der variablen Kosten vom Umsatz übrig bleibt, dient zur Deckung der Fixkosten, also z. B. der Produktentwicklungskosten)
- Gewinn (Betrag, der vom Umsatz übrig bleibt, nachdem die Selbstkosten abgezogen wurden)
- Rentabilität (Verhältnis von Gewinn und Umsatz)
- Marktanteil

Qualitative Ziele

Qualitative, meist psychologische Ziele wirken indirekt. Auch sie sollen eine wirtschaftliche Verbesserung herbeiführen. Zu diesen zählen Ziele, wie die Verbesserung von:
- Bekanntheit
- Image
- Markentreue
- Kundenbindung
- Kundenzufriedenheit

Strategische Ziele

Strategische bzw. taktische oder auch operative Marketingziele sind eher langfristige Unternehmensziele. Diese Ziele werden meist im Verlauf von vielen Jahren in kleinen Schritten erreicht. Beispiele für solche Ziele kann eine Veränderung sein, von:
- Produktsortiment
- Zielgruppe
- Absatzwegen

Konzeptionsphasen des Marketings

Marketingziele	Marketingstrategien	Marketingmix
Wo wollen wir hin?	Wie kommen wir dahin?	Was brauchen wir dafür?
z. B.: Marktführerschaft	z. B.: höhere Bekanntheit	z. B.: Fernsehspot

1.1.3 Marketingstrategien

Der Weg zum Erfolg ist meist eher schwierig. Mögliche Strategien zur Erreichung von Marketingzielen sind:

- *Marktdurchdringung*: Ein bestehendes Produkt oder eine bestehende Dienstleistung soll erfolgreicher vermarktet werden.
- *Diversifikation*: Die Produktion bzw. das Sortiment eines Unternehmens wird um neue, bis dahin nicht erzeugte bzw. angebotene Produkte erweitert.
- *Präferenzstrategie*: Der Erfolg des Unternehmens wird über relativ hohe Preise, verbunden mit hoher Produktqualität gesichert.
- *Segmentierungsstrategie*: Hiermit ist die Konzentration auf bestimmte Marktsegmente gemeint.

Beispiel Astra-Bier

Astra, eine traditionsreiche und regionale Marke, ein Bier, das schon 1647 im Herzen von St. Pauli gebraut wurde.

1997 geriet die Marke aufgrund sinkenden Absatzes stark unter Druck und die Bavaria Brauerei stand kurz vor der Schließung. Die Stadt Hamburg kaufte damals die Brauerei auf und betrieb sie in Eigenregie weiter. Nach der Übernahme durch die Holsten-Brauerei im Dezember 1998 wurde 1999 die „Was

dagegen?"-Werbekampagne gestartet und 2000 das alte Logo mit zwei Löwen und einem Fass durch ein Logo mit Herz und Anker ersetzt.

Im Jahr 2004 wurde die Holsten-Gruppe von dem dänischen Konzern Carlsberg übernommen. Seit 1999 verfolgt Astra die Marketingstrategie, sich bei der Werbung von der Konkurrenz abzuheben, indem starke Sprüche mit Provokation, Ironie und Humor eingesetzt werden, die eine jüngere Zielgruppe ansprechen (sollen).

Logorelaunch Astra-Bier oben vor 2000, unten nach 2000

1.1.4 Marketing-Controlling

Aufgabe des Marketing-Controllings ist die Planung, Steuerung und Kontrolle aller Bereiche des Marketings.

Ein Werkzeug des Controllings ist die Balanced Scorecard (ausgewogener Berichtsbogen). Die Balanced Scorecard ist ein Konzept zur Messung, Dokumentation und Steuerung der Aktivitäten eines Unternehmens über Kennzahlen, um die Erreichung von Zielen zu überwachen.

Die Balanced Scorecard besteht üblicherweise aus vier Steuerungsperspektiven:

- Finanz- und Wertperspektive
- Markt- und Kundenperspektive
- Interne Prozessperspektive
- Innovations- und Wissensperspektive

Beispielplakate Astra-Bier

1.2 Distribution

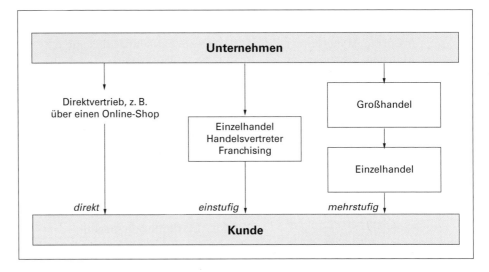

Der Bereich Distribution beschäftigt sich mit den Absatzkanälen, also wie kommt ein produziertes Gut oder eine Dienstleistung zum Endkunden (Privatkunde bei B2C (Business to Consumer) oder Geschäftskunde bei B2B (Business to Business))?

Direktvertrieb

Für ein Unternehmen am lukrativsten erscheint der Direktvertrieb. Es gibt keine Zwischenhändler, die eine Marge (Preisdifferenz zwischen Einkauf und Verkauf) für sich beanspruchen, und man hat einen direkten Draht zum Kunden. Jedoch muss ein Unternehmen in diesem Fall auch den Kontakt zum Kunden selbst herstellen und das geht bei vielen Produkten nur kosteneffizient über Zwischenhändler. Zwei typische Beispiele für Unternehmen, die Direktvertrieb einsetzen, sind Vorwerk und Tupperware.

Franchising

Einen besonderen Absatzkanal stellt das Franchising dar. Man nennt Franchising auch Konzessionsverkauf, da ein Zwischenhändler die Genehmigung (Konzession) bekommt, gegen Entgelt das Design und die Geschäftsidee eines Unternehmens zu nutzen, um dessen Waren zu verkaufen oder Dienstleistungen zu vertreiben.

Das bekannteste Beispiel aus diesem Bereich sind sicherlich Fast-Food-Ketten, wie McDonald's und Burger King. Das Erfolgsrisiko wird so an die Zwischenhändler ausgelagert, gleichzeitig ist dank der einheitlichen Corporate Identity die Wirkung auf den Endkunden wie beim Direktvertrieb.

Verkauf über Handelsvertreter

Der Absatz über Handelsvertreter ist seltener geworden, das Modell basiert auf Provisionen (Umsatzbeteiligung), die der Vertreter für eine erfolgreiche Vermittlung erhält. Beispiele sind Versicherungsmakler und Handelsvertreter im produzierenden Gewerbe bei B2B.

Verkauf über Groß-/Einzelhandel

Gerade bei Importwaren und Lebensmitteln sind Groß- und Einzelhandel die häufigsten Absatzkanäle.

1.3.1 Produktsortiment

Ein Unternehmen muss sich gut überlegen, welche Produkte es herstellt und welche Dienstleistungen es anbietet. Ein zu breites Sortiment (viele verschiedene Produkte) birgt die Gefahr eines Qualitätsverlustes, ein zu tiefes Sortiment (viele Produktvarianten) verursacht ggf. höhere Kosten. Hier einige Möglichkeiten, wie sich ein Unternehmen beim Produktsortiment neu aufstellen kann:

- *Produktinnovationen*: Es werden neue Produkte angeboten, z. B. könnte eine Druckerei „Digitale Folienprägung" anbieten.
- *Produktvariation*: Durch die Veränderung bereits eingeführter Produkte kann ein Produkt länger am Markt gehalten werden, typisches Beispiel ist ein „Facelift" bei einem Pkw.
- *Produktdifferenzierung*: Produkte in verschiedenen Ausführungen anzubieten verursacht oft nur geringe Mehrkosten, kann sich aber positiv auf die Verkaufszahlen auswirken. Ein Beispiel: das MacBook in Roségold, Gold, Space Grau und Silber.
- *Produktdiversifikation*: Aufnahme von Produkten, die bisher nur von der Konkurrenz angeboten wurden. Eine Werbeagentur könnte beispielsweise das Ziel haben, eine Full-Service-Agentur zu werden.
- *Produkteliminierung*: Schlecht verkäufliche Produkte werden aus dem Programm genommen.

1.3.2 Produktlebenszyklus

Der Lebenszyklus eines Produktes lässt sich bei den meisten Produkten in folgende Phasen einteilen:

- *Vorbereitungsphase:* Das Nachwuchsprodukt wird entwickelt, man muss irgendwann entscheiden, ob man es fördert und Vorankündigungen veröffentlicht oder ob man aus der Entwicklung aussteigt.
- *Innovationsphase:* Das neue Produkt wird zum „Star". Die Marktanteile steigen rasch und bergen noch ein hohes Marktwachstumspotenzial.
- *Penetrationsphase:* Die „Cashcow" kann gemolken werden. Eine hohe Marktdurchdringung sichert Gewinn über die Masse, die Gewinne erreichen jedoch ein Maximum, die Preise beginnen zu sinken.
- *Degenerationsphase:* Bei den „Armen Hunden" bricht der Umsatz und der Gewinn ein, das Produkt wird zum Problemfall, ein Preisverfall tritt ein. Man lässt das Produkt nun auslaufen, alternativ ist eine Abfangphase mit Facelift (Produktpflege), Produktaufwertung oder Neupositionierung denkbar, ansonsten erfolgt ein Relaunch (Nachfolgeprodukt) und der Zyklus beginnt erneut.

Portfoliomatrix zum Produktlebenszyklus

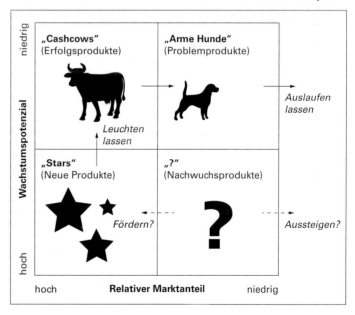

1.4   Preisbildung

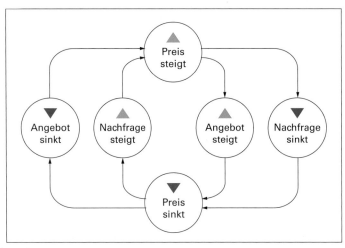

Gesetz der Nachfrage

in der Abbildung unten dargestellt. Dies ist der Preis, bei dem sich die ideale Menge an Produkten verkaufen lässt.

Preisdifferenzierung
Identische Produkte können unterschiedlichen Käufergruppen in manchen Fällen zu unterschiedlichen Preisen angeboten werden. So könnte z. B. eine Tennishalle zwei Tarife anbieten: einen günstigeren Vormittagstarif für Senioren und einen teureren Nachmittags-/Abendtarif.

Konditionenpolitik
Die Einräumung von *Skonto* (Zahlungsnachlass bei frühzeitiger Zahlung) ist auch heute noch im Handwerk relativ häufig. Da die Unternehmen stets in Vorleistung treten müssen, sind sie froh, wenn eine Rechnung schnell beglichen wird.

Rabatte (Preisnachlässe) werden häufig genutzt, um Kunden zum Kauf von z. B. Lebensmitteln oder Möbeln zu bewegen. Auch Mengenrabatte oder Rabatte für Stammkunden, entweder direkt oder über Rabattsysteme, wie Payback, können Kunden dazu bewegen, ihr Kaufverhalten zu ändern.

Das oben dargestellte *Gesetz der Nachfrage* beschreibt das normale Nachfrageverhalten eines privaten Haushalts. Es gibt aber auch Ausnahmen. Nimmt ein Nachfrager den Preis z. B. eines Kosmetikproduktes als Qualitätsmaßstab, dann wird er mit steigendem Preis mengenmäßig mehr, mit sinkendem Preis mengenmäßig weniger nachfragen (anomale Nachfrage).

Für die meisten Produkte gibt es am Markt einen *Gleichgewichtspreis* – wie

Gleichgewichtspreis

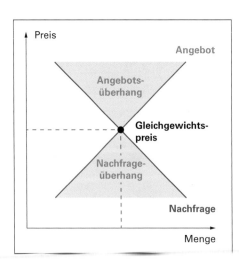

Life-Cycle-Pricing
Gerade bei neuen Produkten ist es schwierig, den richtigen Preis anzusetzen. Ziel ist es, über die gesamte Laufzeit eines Produktes einen möglichst konstanten Preis am Markt halten zu können. Nach dem Ablauf des Produktlebenszyklus sollten die Entwicklungskosten erwirtschaftet sein und ein Gewinn übrig bleiben. Wird nun der Preis zu hoch angesetzt, ist die Marge zwar groß, aber die abgesetzte Menge ggf. zu gering. Ist der Preis zu niedrig, dann ist die Verkaufsmenge groß, aber die Marge ggf. zu klein.

1.5 Marktforschung

Primärforschung   **Sekundärforschung**

Primärforschung	Sekundärforschung
Befragungen: persönlich, telefonisch, schriftlich	**Amtliche Quellen:** Statistiken von Ministerien oder dem stat. Landesamt
Paneel (wiederholte Befragung): Haushalte, Einzelhandel	**Öffentliche Quellen:** Berichte, Bilanzen, Statistiken
Experiment: neue Produkte, neue Werbung, neue Verpackung	**Unternehmen:** Berichte, Bilanzen, Statistiken
Beobachtung: Kaufverhalten, Nutzung, Gehirnaktivitäten	

Ziel von Marktforschung ist es, Informationen über den Markt und die Marktteilnehmer zu bekommen.

Beispiele aus dem Bereich der Marktforschung sind:
- Produkttests
- Packungstests
- Werbemittelforschung
- Werbewirkungsforschung
- Trendbeobachtungen
- Untersuchungen zur Preispolitik
- Studien zu Umweltfragen
- Absatzpozentialschätzungen für neue Produkte
- Untersuchungen zu Konkurrenzprodukten
- Marktpotenzialuntersuchungen
- Marktstrukturanalysen
- Absatzanalysen
- Testmarktuntersuchungen (Store Audits)
- Namenstest
- Blickbewegungsmessung (Eye-Tracking) bei der Betrachtung einer Website oder einer Anzeige
- Usability-Test (Test zur Gebrauchstauglichkeit)
- Auswertung der Nutzungsstatistik einer Website

Primärforschung

Bei der Primärforschung wird direkte Feldforschung am Kunden betrieben. Es werden neue Daten erhoben, die anderweitig nicht zu beschaffen sind. Wichtig bei der Primärforschung ist die repräsentative Auswahl der Probanden.

Sekundärforschung

Der Begriff Sekundärforschung beschreibt die Schreibtischforschung. Es werden vorhandene Daten unter der eigenen spezifischen Fragestellung aufgearbeitet und ausgewertet.

GfK

Die GfK (Gesellschaft für Konsumforschung) ist das größte deutsche Marktforschungsinstitut. Das Unternehmen erhebt Einschaltquoten für das Fernsehen in Deutschland und nutzt die Gemeinde Haßloch als durchschnittlichen Ort für Testzwecke. So werden dort in einem Supermarkt Waren erstmals Kunden angeboten und Fernsehspots testweise geschaltet. Ziel ist es, mögliche Flops rechtzeitig zu erkennen, um Verluste zu vermeiden.

1.6 Kunden

Möglichkeiten der Kundengewinnung

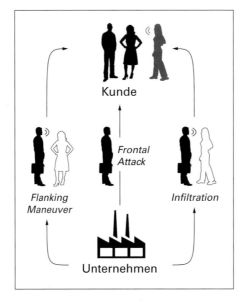

1.6.1 Kundengewinnung

Bei der Gewinnung von Kunden gibt es meist drei Möglichkeiten:

- *Frontal Attack*: Der Kunde wird direkt angesprochen, entweder über persönlichen Kontakt oder eine Werbemaßnahme. Der Kunde erkennt in diesem Fall die Werbeabsicht sofort und kann sich dieser entziehen. Meist ist diese Art der Kundengewinnung bei B2C (Business to Customer) jedoch die einzige Möglichkeit.
- *Flanking Maneuver*: Der Kontakt mit dem Kunden kommt bei einem Anlass zustande, z. B. bei einem Treffen der IHK, einer Veranstaltung oder beim Sport. Der Kunde bemerkt die Werbeabsicht in diesem Fall nicht gleich und kann sie daher nicht sofort abwehren.
- *Infiltration*: Durch einen Insider wird ein Kontakt hergestellt. Diese Art der Kundengewinnung ist sehr seriös und bietet die beste Ausgangsposition für einen Geschäftsabschluss.

1.6.2 Kundenarten

Kunden werden nach ihrer Bedeutung für das Unternehmen in Gruppen eingeteilt

Einmalkunde
Diese Kunden kaufen einmal und nie wieder. Entweder waren sie von der Qualität nicht überzeugt, oder sie hatten nur einmal den Bedarf (Beispiel: Kinderwagenkauf).

Gelegenheitskunde
In regelmäßigen Abständen kauft ein Gelegenheitskunde das jeweilige Produkt oder nimmt eine Dienstleistung in Anspruch. Meist wird der Kauf durch einen regelmäßig entstehenden Bedarf verursacht (z. B. Druck von Visitenkarten).

Stammkunde
Bei den Stammkunden handelt es sich um wichtige Kunden für ein Unternehmen, sie sind verlässlich und verursachen einen großen Teil des Umsatzes. Damit ein Unternehmen sie halten kann, werden meist Rabatte gewährt und z. B. zu Weihnachten kleine Geschenke versendet.

Key-Account-Kunde
Von Key-Account-Kunden hängt der wirtschaftliche Erfolg eines Unternehmens ab. Bleiben die Kunden dem Unternehmen treu, muss es sich keine Sorgen um die Zukunft machen. Wenn ein Key-Account-Kunde jedoch zur Konkurrenz wechselt, dann kann dies spürbare Folgen haben, daher werden diese Kunden besonders behandelt und erhalten meist einen eigenen Ansprechpartner (Key-Account-Manager), höhere Rabatte und werden regelmäßig besucht.

1.7   Aufgaben

1 Marketing definieren

Erklären Sie, was man unter dem Begriff Marketing versteht.

2 Marketing definieren

Nennen Sie die vier Ps, aus denen der Marketingmix besteht, auf Englisch und auf Deutsch.

1. P:

2. P:

3. P:

4. P:

3 Marketingbegriffe kennen

Grenzen Sie die Begriffe Branding, Corporate Identity und Werbung voneinander ab.

4 Marketingziele kennen

Nennen Sie die drei Bereiche von Marketingzielen und beschreiben Sie, was man darunter versteht.

1.

2.

3.

5 Marketingstrategien kennen

Nennen und beschreiben Sie vier Marketingstrategien.

6 Distribution kennen

Erklären Sie, was man unter Distribution versteht.

7 B2B und B2C kennen

Erklären Sie die Abkürzungen B2B und B2C.

B2B:

B2C:

8 Franchising kennen

Beschreiben Sie, was man unter Franchising versteht.

9 Möglichkeiten beim Produktsortiment kennen

Nennen Sie fünf Möglichkeiten zur Gestaltung des Produktsortiments:

1.

2.

3.

4.

5.

10 Möglichkeiten beim Produktsortiment kennen

Erklären Sie die folgenden Begriffe aus einem Produktlebenszyklus:

„?":

„Star":

„Cashcow":

„Arme Hunde":

11 Gesetz der Nachfrage kennen

Beschriften Sie die Grafik rechts oben, indem Sie „sinkt" bzw. „steigt" eintragen.

12 Marktforschung kennen

Nennen Sie fünf Beispiele für Marktforschungsinstrumente.

1.

2.

3.

4.

5.

13 Kundenbezeichnungen kennen

Erklären Sie, was man unter einem Key-Account-Kunden versteht.

13

2.1 Grundlagen

Eigenschaften einer Zielgruppe

Eine Zielgruppe kann über zahlreiche Kriterien beschrieben werden. Doch welche Kriterien eignen sich am besten?

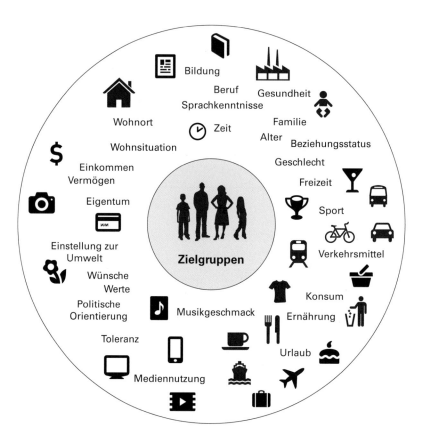

2.1.1 Was ist eine Zielgruppe?

Bei einer Zielgruppe handelt es sich um eine Gruppe von Personen, die als relevant für eine Marketingmaßnahme angesehen werden.

Die Personen weisen dabei aus Sicht des betreffenden Unternehmens die Gemeinsamkeit auf, dass sie entweder einen konkreten oder einen potenziellen Bedarf an dem betreffenden Produkt oder der Dienstleistung haben.

Die Zugehörigkeit einer Person zu einer bestimmten Zielgruppe „verdankt" die jeweilige Person bestimmten Eigenschaften, Einstellungen oder ihrem Verhalten (siehe Abbildung oben).

2.1.2 Wozu gibt es Zielgruppen?

Haben Sie sich schon einmal gefragt, warum Sie nie Werbung für Produkte von Marken wie z. B. Ferrari oder Rolex sehen? Vielleicht gibt es da eine einfache Erklärung: Sie sind nicht die Zielgruppe dieser Unternehmen.

Unternehmen legen Zielgruppen vornehmlich fest, um Streuverluste zu vermeiden. Mit *Streuverlusten* ist die Menge an Personen gemeint, die die Werbung sehen, aber das Produkt nicht kaufen wollen bzw. nicht kaufen können.

Würde Ferrari einen Fernsehspot um 11 Uhr bei superRTL schalten, dann

© Springer-Verlag GmbH Deutschland, ein Teil von Springer Nature 2019
P. Bühler et al., *Medienmarketing*, Bibliothek der Mediengestaltung,
https://doi.org/10.1007/978-3-662-55395-4_2

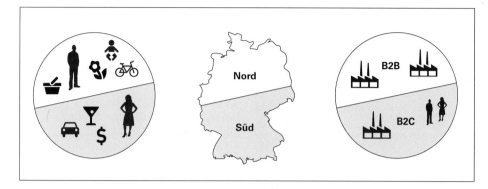

wären die Streuverluste vermutlich bei 100 %, da in diesem Fall davon auszugehen ist, dass nicht einmal ein neuer Kunde über die Maßnahme gewonnen werden kann.

Ein weiterer Grund für die Bestimmung von Zielgruppen ist die leichtere *Zielgruppenansprache* bei der Konzeption und Gestaltung von Medien. Stellen Sie sich vor, Sie müssen eine Werbeanzeige gestalten, die sowohl jungen wie alten Menschen und gebildeten wie ungebildeten Menschen gefällt, und auch eine Tonalität (Sprache) wählen, bei der sich alle Menschen in Deutschland angesprochen fühlen. Oft wird hier eine *Zielgruppenadäquanz* nicht gegeben sein, also eine Anpassung der Marketingmaßnahme an die Zielgruppe.

2.1.3 Marktsegmentierung

Wenn ein Unternehmen Produkte oder Dienstleistungen verkaufen will, hilft es, den vorhanden, meist unübersichtlichen Markt zu strukturieren und ihn in kleinere *Segmente* (Bereiche) einzuteilen. Für eine solche Marktsegmentierung gibt es verschiedene Möglichkeiten:

- Die Kunden können nach ihren demografischen Eigenschaften (Alter, Beruf ...), ihrem Verhalten (Konsum,

Freizeitaktivitäten ...) oder ihrer Einstellung (zur Umwelt, Politik ...) in Zielgruppen eingeteilt werden.
- Der Markt kann in geografische Gebiete eingeteilt werden.
- Die Einteilung kann die Art der Kunden berücksichtigen, also z. B. die Unterscheidung zwischen B2B und B2C, also zwischen dem Handel eines Unternehmens mit einem anderen Unternehmen (B2B = Business to Business) und dem Handel zwischen einem Unternehmen und den Endkunden (B2C = Business to Consumer). Das Kaufverhalten unterscheidet sich bei B2B meist grundlegend von B2C.

Preissensibilität, Kaufreichweite und Mediennutzung sind dabei häufige Kriterien, um potenzielle Kunden anhand ihres Kaufverhaltens zu kategorisieren.

Im Rahmen einer Mediaplanung werden daraufhin nur die zielgruppenspezifisch relevanten Medien ausgewählt.

2.1.4 Zielgruppenbestimmung

Zielgruppenanalyse
Die Analyse der Zielgruppe für ein Produkt oder eine Dienstleistung erfordert eine hohe Sorgfalt. Nur wenn ich als Marktanbieter meine anvisierten Kunden genau kenne, kann ich diese

15

auch gezielt und damit erfolgreich ansprechen. Wird die Zielgruppe durch Werbung nicht angesprochen, ist eine durchgeführte Marketingaktion wirkungslos – sie verpufft am Markt.

In der Alltagspraxis der Werbeindustrie werden Zielgruppenanalysen aus Kostengründen häufig auf demografische und geografische Merkmale reduziert.

Die Analyse nach Einstellungs- und Verhaltensmerkmalen erfordert einen deutlich höheren Aufwand bei der Informationsbeschaffung. Eine gute Zielgruppendefinition zeigt jedoch auch auf, welche Menschen mit welchen Wünschen, Bedürfnissen und Vorstellungen das Produkt erwerben sollen. Zu einer Zielgruppendefinition gehören keine Ausschlussmerkmale. Es wird also nicht beschrieben, wer nicht zur Zielgruppe gehört. Mögliche Fragen zur Bestimmung einer Zielgruppe können sein:

- Was will der Kunde?
- Was braucht der Kunde?
- Wo ist sein größtes Problem?
- Was treibt ihn an?
- Wie entscheidet er?
- Welche Ziele verfolgt er?
- Was sind seine Wünsche, Erwartungen und evtl. negativen Einstel-

lungen zum vermarkteten Produkt?
- Wie ist sein Kaufverhalten?
- Was schätzt der Kunde am Produkt: Ist es der Preis, die Qualität, das Design oder die Funktionalität?

Zielgruppenbeschreibungen

Beispielhaft hier die Beschreibung einiger allgemeiner Zielgruppen:

- Familien mit Kleinkindern sind finanziell in der Regel stark belastet, da die Ausgaben für die Standardlebenshaltung sehr hoch sind.
  Gekauft werden technische Ausstattungen für die Erleichterung der Haushaltsführung, Kinderbekleidung, Kinderzimmerausstattung und Spielsachen. Häufig ist dieser Haushalt zeitweise auf ein Einkommen angewiesen, was den Konsum der Eltern einschränkt.
- Junge, alleinstehende, nicht mehr im Elternhaus lebende Personen beiderlei Geschlechts ohne finanzielle Verpflichtungen, die stark freizeitorientiert sind. In vielen Fällen Meinungsbildner bei Trendprodukten. Eine hohe Kaufbereitschaft besteht bei Technikprodukten, wie Smartphone, Smartwatch usw., Kleidung und Freizeitaktivitäten. Bildungsausgaben bewegen sich im mittleren Rahmen.
- Kinderlose Doppelverdiener, diese Zielgruppe wird oft auch mit der Abkürzung *DINK* beschrieben (Akronym für Double income no kids). Junge Paare ohne Kinder, die beide über Einkommen verfügen.
  Das Verhalten bei verheirateten und unverheirateten Paaren ist relativ ähnlich. Es werden langlebige und hochwertige Produkte wie Möbel, Kücheneinrichtungen und Sportgerätschaften konsumiert. Für Reisen wird relativ viel Geld ausgegeben.

Zielgruppenbeschreibung
Zielgruppe der Website www.sz.de der Süddeutschen Zeitung

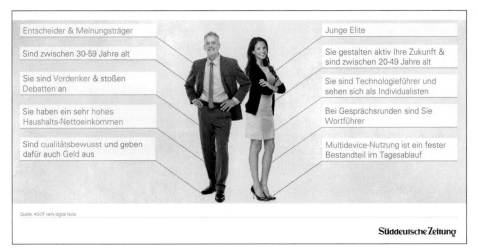

Entscheider & Meinungsträger

Sind zwischen 30-59 Jahre alt

Sie sind Vordenker & stoßen Debatten an

Sie haben ein sehr hohes Haushalts-Nettoeinkommen

Sind qualitätsbewusst und geben dafür auch Geld aus

Junge Elite

Sie gestalten aktiv Ihre Zukunft & sind zwischen 20-49 Jahre alt

Sie sind Technologieführer und sehen sich als Individualisten

Bei Gesprächsrunden sind Sie Wortführer

Multidevice-Nutzung ist ein fester Bestandteil im Tagesablauf

Quelle: AGOF daily digital facts

Süddeutsche Zeitung

- Die Zielgruppe *LOHAS* (nach engl. Lifestyles of Health and Sustainability) bezeichnet Personen, die ein besonders starkes Gesundheitsbewusstsein besitzen und deren Lebensstil von Nachhaltigkeit geprägt ist. Häufig handelt es sich um Personen mit überdurchschnittlich hohem Einkommen. Typisch für LOHAS-Konsumenten sind Natur- und Outdoor-Urlaub, der Einkauf in Bioläden und die Nutzung von Ökostrom.

Die hier aufgeführte Spezifikation von Zielgruppen ist allgemein gehalten und könnte noch um mehrere Gruppen ergänzt werden. Für die Markteinführung eines neuen Produktes kann es sinnvoll sein, die jeweilige Zielgruppe noch detaillierter zu beschreiben.

Zielgruppenübergreifende Produkte

Manche Produkte werden nahezu von allen Menschen in gleicher Beschaffenheit und Qualität gekauft bzw. verbraucht, so kauft z. B. nahezu jeder von uns Grundnahrungsmittel, wie Mehl, Zucker oder Milch, nutzt Strom aus der Steckdose, tankt Benzin oder Diesel und verbraucht das gleiche Wasser aus dem Wasserhahn wie der Nachbar. Doch auch hier gibt es das Bemühen von Firmen, uns als spezifische Zielgruppen unterschiedliche, zielgruppenspezifische Produkte zu verkaufen:

- Personen mit einer ökologischen Orientierung können auf Wunsch Strom aus ökologischen Quellen beziehen.
- Personen, die einen besonderen Bezug zu ihrem Auto haben bzw. über ein höheres Einkommen verfügen, können an der Zapfsäule zu „V-Power Benzin" oder „Ultimate Diesel" greifen.
- Die Milch gibt es in „Normal" oder als „Alpenmilch" und „Bergbauernmilch", wobei in solchen Fällen die Definition der Unternehmen nicht immer mit den Erwartungen der Zielgruppe deckungsgleich sind.

Auch andere Produkte sind bei einer Zielgruppenbestimmung schwer einzugrenzen, so werden z. B. Haftcreme für dritte Zähne, Lesebrillen, Schnuller, Beinprothesen und Rollstühle nur von ganz wenigen Leuten gekauft, sind aber für diese Zielgruppe enorm wichtig.

2.2 Soziodemografie

Unter Soziodemografie ist die Beschreibung einer Zielgruppe unter messbaren Kriterien zu verstehen, hierzu gehören:

- *Demografische Merkmale*: Diese Merkmale betreffen Bevölkerungsentwicklungen und -strukturen, Beispiele sind: Alter, Geschlecht, Familienstatus, Zahl der Kinder, Wohnort, Einzugsgebiet, Migrationshintergrund.
- *Sozioökonomische Merkmale*: Hierbei handelt es sich um Merkmale, die mit dem wirtschaftlichen Handeln in seinem sozialen Zusammenhang zu tun haben, z.B.: Bildung, Beruf, Haushaltsnettoeinkommen, Haushaltsgröße.

Diese Informationen können aus Statistiken und Instrumenten der Meinungsforschung gewonnen werden. Meist werden hierzu im Rahmen von Marktforschungaktionen Stichproben aus der Gesamtheit der Bevölkerung gezogen, um Aussagen über die Verteilung von Bevölkerungsmerkmalen treffen zu können.

Soziodemografische Daten eignen sich dazu, die Bevölkerung in ihrer Gesamtheit zu beschreiben, und können einfach und standardisiert erhoben werden, daher werden sie oft als Grundlage zur Marktsegmentierung und Zielgruppenbestimmung genutzt.

Das Haushaltsnettoeinkommen ist das am häufigsten genutzte Kriterium der Soziodemografie, da es der wichtigste Indikator für die Kauffähigkeit der Konsumenten ist. Bei Gütern des täglichen Bedarfs hingegen ist der Zusammenhang zwischen Einkommen und Konsum bestimmter Produkte nur wenig ausgeprägt. Es gibt genauso viele Geringverdiener, die hochpreisige Bioprodukte konsumieren, wie es Vielverdiener gibt, die regelmäßig beim Discounter einkaufen.

In der Praxis werden daher meist Kombinationen aus unterschiedlichen soziodemografischen Merkmalen zur Beschreibung einer Zielgruppe eingesetzt.

Für viele Produkte lassen sich Konsumenten nur schwer durch formale Gemeinsamkeiten beschreiben, daher wurden Modelle wie die *Sinus-Milieus* entwickelt, bei denen neben der sozialen Lage auch die Grundorientierung der Zielgruppe berücksichtigt wird.

Soziodemografie

Charakterisierung der Zielgruppe LOHAS an soziodemografischen Merkmalen

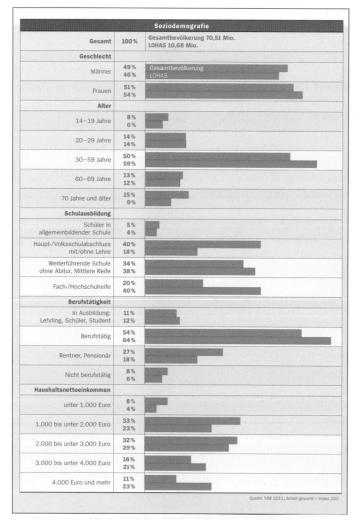

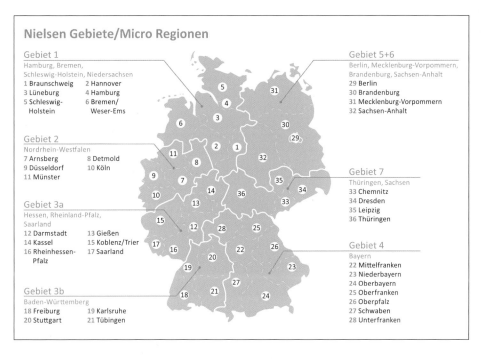

Nielsen Gebiete/Micro Regionen

Gebiet 1
Hamburg, Bremen,
Schleswig-Holstein, Niedersachsen
1 Braunschweig   2 Hannover
3 Lüneburg   4 Hamburg
5 Schleswig-   6 Bremen/
  Holstein   Weser-Ems

Gebiet 2
Nordrhein-Westfalen
7 Arnsberg   8 Detmold
9 Düsseldorf   10 Köln
11 Münster

Gebiet 3a
Hessen, Rheinland-Pfalz,
Saarland
12 Darmstadt   13 Gießen
14 Kassel   15 Koblenz/Trier
16 Rheinhessen- 17 Saarland
   Pfalz

Gebiet 3b
Baden-Württemberg
18 Freiburg   19 Karlsruhe
20 Stuttgart   21 Tübingen

Gebiet 5+6
Berlin, Mecklenburg-Vorpommern,
Brandenburg, Sachsen-Anhalt
29 Berlin
30 Brandenburg
31 Mecklenburg-Vorpommern
32 Sachsen-Anhalt

Gebiet 7
Thüringen, Sachsen
33 Chemnitz
34 Dresden
35 Leipzig
36 Thüringen

Gebiet 4
Bayern
22 Mittelfranken
23 Niederbayern
24 Oberbayern
25 Oberfranken
26 Oberpfalz
27 Schwaben
28 Unterfranken

Das 1923 in den USA gegründete Marktforschungsinstitut Nielsen hat Deutschland in regionale Gebiete zur Marktforschung eingeteilt. Durch die geografische Einteilung in die sieben Gebiete soll das unterschiedliche regionale Konsumentenverhalten, die wirtschaftlichen Verhältnisse und die unterschiedliche Absatzentwicklung untersucht und dargestellt werden.

Ein Gebiet, das z. B. vorwiegend durch Tourismus, Landwirtschaft und hohe Erwerbslosigkeit geprägt ist, verfügt über viele gemeinsame Merkmale für diesen regionalen Markt. Dagegen weisen Gebiete mit starker industrieller Infrastruktur deutlich andere Marktmerkmale z. B. hinsichtlich Einkommen, Arbeitslosigkeit oder auch Bildungsstruktur auf. Aufgrund der Informationen über die regionalen Märkte können gezielte Prognosen des Marktpotenzials, z. B. bei der Einführung eines neuen Produktes, dargestellt werden. Daraus lassen sich Marketingmaßnahmen, Vertriebswege und ein möglicher Produkterfolg bewerten.

Mit diesen differenzierten Marktinformationen können z. B. Werbekampagnen mit geeigneten Werbebotschaften besser für die verschiedenen Gebietsmärkte geplant und gestaltet werden.

So wurden im Jahr 2016 in Deutschland je nach Region einige Produkte deutlich unterschiedlich konsumiert. Im Gebiet 19 wurden durchschnittlich 50 Liter Bier und Biermixgetränke pro Person getrunken, im Gebiet 33 waren es durchschnittlich 132 Liter. In der Region 34 wurden im Durchschnitt pro Einwohner 2,1 Packungen Chips eingekauft. In der Region 5 waren es 5,0 Packungen.

2.4 Sinus-Milieus

Sinus-Milieus

Grafische Darstellung der Milieus nach sozialer Lage und Grundorientierung mit Beschreibungen (Tabellen unten); Begriffserklärungen zur Abbildung und zur Tabelle unten:

1 Establishment – etablierte Elite
2 Avantgarde – Personen, die der Zeit voraus sind
3 Diversity – Vielfalt
4 Prekär – heikel, schwierig
5 Ressentiment – Gefühl dauernder Ohnmacht

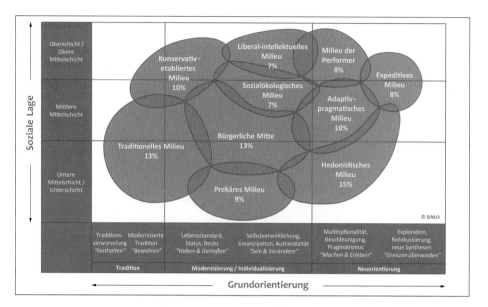

Sozial gehobene Milieus

Konservativ-etabliertes Milieu (10%)	Das klassische Establishment[1]: Verantwortungs- und Erfolgsethik; Exklusivitäts- und Führungsansprüche, Standesbewusstsein; zunehmender Wunsch nach Ordnung und Balance
Liberal-intellektuelles Milieu (7%)	Die aufgeklärte Bildungselite: kritische Weltsicht, liberale Grundhaltung und postmaterielle Wurzeln; Wunsch nach Selbstbestimmung und Selbstentfaltung
Milieu der Performer (8%)	Die multi-optionale, effizienzorientierte Leistungselite: globalökonomisches Denken; Selbstbild als Konsum- und Stil-Avantgarde[2]; hohe Technik und IT-Affinität; Etablierungstendenz, Erosion des visionären Elans
Expeditives Milieu (8%)	Die ambitionierte kreative Avantgarde[2]: Transnationale Trendsetter – mental, kulturell und geografisch mobil; online und offline vernetzt; nonkonformistisch, auf der Suche nach neuen Grenzen und neuen Lösungen

Milieus der Mitte

Bürgerliche Mitte (13%)	Der leistungs- und anpassungsbereite bürgerliche Mainstream: generelle Bejahung der gesellschaftlichen Ordnung; Wunsch nach beruflicher und sozialer Etablierung, nach gesicherten und harmonischen Verhältnissen; wachsende Überforderung und Abstiegsängste
Adaptiv-pragmatisches Milieu (10%)	Die moderne junge Mitte mit ausgeprägtem Lebenspragmatismus und Nützlichkeitsdenken: leistungs- und anpassungsbereit, aber auch Wunsch nach Spaß und Unterhaltung; zielstrebig, flexibel, weltoffen – gleichzeitig starkes Bedürfnis nach Verankerung und Zugehörigkeit
Sozialökologisches Milieu (7%)	Engagiert gesellschaftskritisches Milieu mit normativen Vorstellungen vom „richtigen" Leben: ausgeprägtes ökologisches und soziales Gewissen; Globalisierungs-Skeptiker, Bannerträger von Political Correctness und Diversity[3] (Multikulti)

Milieus der unteren Mitte / Unterschicht

Traditionelles Milieu (13%)	Die Sicherheit und Ordnung liebende ältere Generation: verhaftet in der kleinbürgerlichen Welt bzw. in der traditionellen Arbeiterkultur; Sparsamkeit und Anpassung an die Notwendigkeiten; zunehmende Resignation und Gefühl des Abgehängtseins
Prekäres[4] Milieu (9%)	Die um Orientierung und Teilhabe („dazu gehören") bemühte Unterschicht: Wunsch, Anschluss zu halten an die Konsumstandards der breiten Mitte – aber Häufung sozialer Benachteiligungen, Ausgrenzungserfahrungen, Verbitterung und Ressentiments[5]
Hedonistisches Milieu (15%)	Die spaß- und erlebnisorientierte moderne Unterschicht / untere Mitte: Leben im Hier und Jetzt, unbekümmert und spontan; häufig angepasst im Beruf, aber Ausbrechen aus den Zwängen des Alltags in der Freizeit

Das ganzheitliche Milieu-Modell des Marktforschungsinstituts Sinus Sociovision, Heidelberg teilt die Bevölkerung in Deutschland und Europa nach Lebensstil und sozialen Schichten auf. In die Sinus-Milieus gehen grundlegende Wertorientierungen ebenso ein wie Alltagseinstellungen zu Arbeit, Familie, zu Freizeit und Konsum. Die nebenstehende Abbildung zeigt das zweidimensionale Milieu-Modell zur Beschreibung der Lebensverhältnisse in den modernen Industriestaaten.

Die Bevölkerung eines Landes wird in zehn Gruppen bzw. Milieus mit gemeinsamen Grundeinstellungen, ähnlicher Lebenseinstellung und Lebensweise eingeteilt.

Die Position der Milieus in der Gesellschaft nach sozialer Lage und Grundorientierung veranschaulicht die links abgebildete Grafik: Je höher ein Milieu in seiner sozialen Lage angesiedelt ist, desto gehobener sind Bildung, Einkommen und Berufsgruppe. Die Grundorientierung verdeutlicht, je weiter rechts eine Gruppe angesiedelt ist, desto moderner ist die Grundorientierung.

Die Grenzen zwischen den Milieus sind dabei fließend, sie sind durch Ähnlichkeiten untereinander und durch Übergänge gekennzeichnet. So lassen sich die einzelnen Milieus auch tendenziell in Obergruppen zusammenfassen. Die Milieus dokumentieren unterschiedliche Zugänge zu den Medien, verschiedene Interessen und Erwartungen und damit auch Sparteninteressen.

Die Sinus-Milieus brechen bewusst mit den formalen demografischen Kriterien für Zielgruppen wie Schulbildung, Beruf oder Einkommen. Sinus-Milieus liegt die Einsicht zugrunde, dass soziodemografisch gleiche Menschen sich in ihren Präferenzen, Einstellungen und Verhaltensweisen sehr voneinander unterscheiden können und damit zwei völlig verschiedenen Zielgruppen angehören können.

Sinus-Milieus fassen also Menschen zusammen, die einander in Lebensauffassung und Lebensweise ähneln. Man könnte die Milieus als „Gruppen Gleichgesinnter" bezeichnen – denn die Vorlieben für bestimmte Marken und der Konsum bestimmter Produkte werden nicht nur von soziodemografischen Merkmalen, sondern auch vom Lebensstil der jeweiligen Gruppen, von Wertorientierungen und ästhetischen Präferenzen beeinflusst.

Mit den zehn aktuellen Milieus wurde die Bevölkerung der Bundesrepublik in ein Raster von sozialer Schicht und traditioneller bis moderner Grundorientierung positioniert und dargestellt.

Die Bedeutung der Sinus-Milieus für die Werbung besteht darin, dass Vorlieben für bestimmte Marken und der Konsum bestimmter Produkte größeren Milieus zugeordnet werden können. Zusammen mit der Position, die bestimmte Medien in den einzelnen Milieus wahrnehmen, führt dies zu einer sehr realistischen Einschätzung der werblichen Wirkung einzelner Werbeträger in den Milieu-Zielgruppen.

Aus den Sinus-Milieus der einzelnen Länder Europas entwickelten sich nahezu zwangsläufig Modelle zur Beschreibung der Lebensverhältnisse in Europa bzw. für europäische Regionen. Da sich innerhalb Europas die Lebensverhältnisse unabhängig von Ländergrenzen entwickeln, ist die Beschreibung für bestimmte Regionen wie z. B. das Drei-Länder-Eck Deutschland, Frankreich und Schweiz für Marketing oder auch politische Maßnahmen unerlässlich.

2.5 Semiometrie

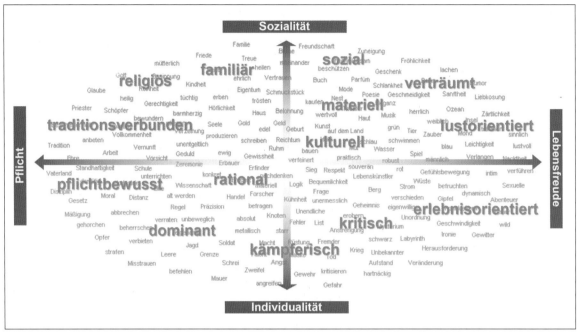

Semiometrie

Wertelandschaft mit 210 Wörtern in 14 Wertefeldern werden zur Beschreibung einer Zielgruppe genutzt.

Ähnlich wie bei den Sinus-Milieus basiert die Zielgruppenbeschreibung nach dem Semiometrie-Modell von Kantar TNS auf Wertvorstellungen, Lifestyles und Assoziationen. Die Wertestrukturen der jeweiligen Zielgruppe werden beim semiometrischen Ansatz über die Bewertung von Wörtern gemessen (*Semio* = Wörter, *metrie* = Messen).

Diese Bewertung der Wörter wird genutzt, um auf bestimmte Wertvorstellungen der Personen zu schließen. Eine Marke wird laut Semiometrie am ehesten gewählt, wenn sie mit den

Überzeugungen des Konsumenten harmoniert.

Bei der Datenerfassung werden ausgesuchte Begriffe den Zielgruppen vorgelegt und von diesen positiv oder negativ bewertet (siehe Befragungsbogen unten). Der Wortauswahl kommt dabei eine entscheidende Bedeutung zu. Sie müssen eindeutig verständlich sein. Es sollten Worte sein, zu denen eine emotionale Verbindung möglich ist, der unterschiedliche emotionale Bezug führt dann zu der Positiv- oder Negativbewertung der Befragten.

Semiometrie

Befragungsbogen zur Bewertung von Wörtern

	Sehr unange- nehm	Ziemlich unange- nehm	Ein wenig unange- nehm	Keinerlei Empfin- dungen	Ein wenig angenehm	Ziemlich angenehm	Sehr angenehm
	-3	-2	-1	0	+1	+2	+3
mütterlich	☐	☐	☐	☐	☐	☐	☐
Vertrauen	☐	☐	☐	☐	☐	☐	☐
Glaube	☐	☐	☐	☐	☐	☐	☐
Eigentum	☐	☐	☐	☐	☐	☐	☐
Insel	☐	☐	☐	☐	☐	☐	☐

2.6 Aufgaben

1 Begriff Zielgruppe definieren

Erklären Sie, was man unter einer Zielgruppe versteht.

2 Zweck von Zielgruppen kennen

Nennen Sie zwei Gründe, warum Unternehmen Zielgruppen festlegen.

1.

2.

3 Marktsegmentierung kennen

Erklären Sie an einem Beispiel, was
man unter Marktsegmentierung versteht.

4 Zielgruppenbegriffe kennen

Erklären Sie folgende Begriffe:

DINK:

LOHAS:

5 Soziodemografie kennen

Erklären Sie, was man unter Soziodemografie versteht.

6 Nielsen-Gebiete kennen

Erklären Sie, was man unter den
Nielsen-Gebieten versteht.

7 Sinus-Milieus kennen

Erklären Sie, was man unter den Sinus-
Milieus versteht.

8 Semiometrie kennen

Erklären Sie, was man unter Semiometrie versteht.

23

3.1 Einführung

Anbringen eines Brandzeichens bei einem Pferd

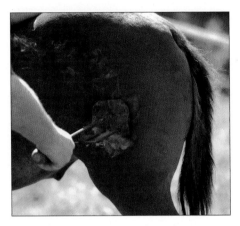

3.1.1 Brandzeichen

Der Begriff „Branding" steht ursprünglich für das Anbringen von Brandzeichen auf Gegenständen oder Tieren. Dazu wird ein metallischer Stempel stark abgekühlt oder erhitzt und dann auf den Gegenstand (z. B. ein Holzfass) oder die Haut eines Tieres gedrückt.

Viehzüchter nutzen Branding, um die Zugehörigkeit zu einer Tierrasse zu dokumentieren oder um zu zeigen, wem die Tiere gehören. Ein großer Vorteil ist, dass ein Brandzeichen praktisch nicht mehr entfernt werden kann. Heute werden zur Kennzeichnung von Tieren jedoch vorwiegend Ohrmarken eingesetzt. Also quasi „Piercing statt Tätowierung".

3.1.2 Branding, das moderne Brandzeichen

Branding verfolgt ähnliche Ziele wie das herkömmliche Brandzeichen. Ähnlich wie beim Brandzeichen geht es darum, zu zeigen, wer der Hersteller einer Ware ist, und auch darum, Werte zu vermitteln, wie die Zugehörigkeit zu einer bestimmten Zuchtrasse.

Der Begriff Branding steht im Marketing für den Aufbau von Marken. Die Entwicklung einer solchen Marke ist ein Prozess, der nie abgeschlossen ist.

Begonnen wird der Prozess mit der strategischen Positionierung einer Marke und der Festlegung von Werten, die eine Marke repräsentieren. Die Corporate Identity – also die einheitliche Wirkung eines Unternehmens nach außen – wird entsprechend dieser Markenpositionierung konzipiert.

Einzelne Marketingmaßnahmen richten sich dann wiederum nach dem in der Corporate Identity festgelegten Corporate Design. Ziel des Brandings ist es, ein Corporate Image zu etablieren, d. h., dass ein Unternehmen es schafft, aus den Zielsetzungen der Corporate Identity ein gewünschtes Bild in der Öffentlichkeit zu etablieren. Gelingt dies, dann steht eine Marke tatsächlich für Werte, wie z. B. die Marke Daimler für die Werte *Qualität* und *Tradition*.

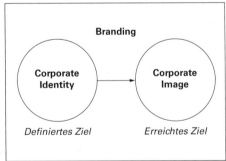

Branding

Corporate Identity → Corporate Image

Definiertes Ziel *Erreichtes Ziel*

© Springer-Verlag GmbH Deutschland, ein Teil von Springer Nature 2019
P. Bühler et al., *Medienmarketing*, Bibliothek der Mediengestaltung,
https://doi.org/10.1007/978-3-662-55395-4_3

3.2 Funktionen von Marken

Marken erfüllen für Kunden und Anbieter wichtige Funktionen:

Markenfunktionen für Kunden:
- Vertrauen
- Orientierung
- Identifikation
- Qualitätssicherung
- Prestige

Markenfunktionen für Anbieter:
- Differenzierung (Unterscheidbarkeit)
- Kundenbindung
- Effiziente Marktbearbeitung
- Wertsteigerung
- Präferenzbildung
- Preispolitischer Spielraum
- Plattform für neue Produkte

Die wichtigsten Funktionen werden in den folgenden Abschnitten näher erläutert.

3.2.1 Marken schaffen Vertrauen

„Was der Bauer nicht kennt, frisst er nicht." Sicherlich kennen Sie diesen Spruch, der aus vielerlei Hinsicht zutreffend sein kann.

Gehen wir in der Menschheitsgeschichte mal ein paar tausend Jahre zurück: Wir streifen durch den Wald, auf der Suche nach Nahrung, wir sehen zwei Büsche mit Beeren, der eine mit blauen Beeren, der andere mit roten Beeren. Die roten haben wir schon einmal gegessen und wir wissen, dass sie ganz gut schmecken und wir kein Bauchweh bekommen haben, die blauen Beeren kennen wir noch nicht. Für welche Beeren werden wir uns entscheiden?

„Aus Erfahrungen lernen", das hat uns Menschen immer schon geholfen zu überleben, daher ist das Wissen über diesen Sachverhalt tief in uns verankert und wir werden meist das Bekannte dem Unbekannten vorziehen. Unternehmen nutzen dies für den Absatz ihrer Produkte. Wenn wir ein Produkt kennen und sei es auch nur aus der Werbung, dann werden wir es vermutlich einem unbekannten Produkt vorziehen, soweit es keine weiteren Entscheidungsfaktoren (wie den Preis usw.) gibt, die uns beeinflussen.

3.2.2 Marken geben Orientierung

Stellen Sie sich vor, es gäbe keine Marken. Sie gehen in einen Supermarkt, wollen Ihren Wocheneinkauf erledigen und Sie können ganz unbefangen die Produktbeschreibungen und Zutatenlisten lesen und frei auswählen, was Sie kaufen möchten.

Vermutlich wäre dies der längste Einkauf Ihres Lebens und Sie würden früher oder später einfach irgendeine Milch oder Butter in den Einkaufswagen legen.

Marken geben uns Orientierung, sie helfen uns bei einer großen Auswahl, schnell die (richtigen?) Entscheidungen zu treffen.

Produktsortiment in einem Supermarkt

25

3.2.3 Marken wirken imagebildend

Marken haben einen Einfluss auf unsere Außenwirkung und damit auf unser Image (Gesamteindruck) und unser Prestige (Ruf). Doch auch bei uns selbst können Marken das Selbstwertgefühl steigern, nach dem Motto „Ich gönne mir etwas" bzw. „Ich kann es mir leisten".

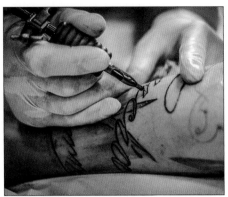

Das neueste Smartphone, die neue Smartwatch, der Markenanzug, das Poloshirt mit dem entsprechenden Markenzeichen – Markenprodukte sind oft Teil unserer Persönlichkeit, sie wirken identitätsstiftend und imagebildend. Die wenigsten von uns können sich der Wirkung von Marken entziehen. Wir wollen schließlich „dazugehören".

Während vor einigen Jahren noch Markenlogos auf Kleidungsstücken riesengroß zu sehen waren, ist heute eher Understatement (Untertreibung) angesagt. Man darf schon sehen, dass es ein Markenprodukt ist, aber es muss nicht schon von weitem erkennbar sein.

Marken nutzen die imagebildende Funktion vor allem als Wertsteigerung, aber auch als Kaufargument in der Werbung

3.2.4 Marken machen Produkte differenzierbar

Ähnlich wie bei einem Tattoo möchte man bei Waren über die Kennzeichnung das Produkt von der Konkurrenz unterscheidbar machen, ihm Individualität verleihen und Werte vermitteln.

Es ist jedoch gar nicht so einfach, die entscheidenden Differenzierungsmerkmal für die eigene Marke zu finden.
- Was unterscheidet einen BMW von einem Mercedes-Benz?
- Was unterscheidet Persil von Ariel?
- Was unterscheidet einen PC von einem Mac?
- Was unterscheidet ein Samsung-Smartphone von einem Huawei-Smartphone?
- Was unterscheidet Red Bull von Monster?
- Was unterscheidet Google von Bing?

Wirklich unterscheidbar werden Marken erst durch die entsprechenden Werte, die im Rahmen des Brandings der Marke zugewiesen werden.

3.2.5 Marken binden Kunden

„Der Mensch ist ein Gewohnheitstier." Dieser Satz trifft insofern zu, der Mensch – intelligent, wie er ist – stets einfache Lösungen bevorzugt. Wenn ein Kunde also keinen Grund hat, eine Marke zu wechseln, wenn also Qualität und Preis „stimmen", dann wird er tendenziell einer Marke treu bleiben. Sind jedoch für den Kunden die Werte einer Marke nicht transparent und sofort erkennbar, neigt er auch schneller zum Wechseln. Kundenbindungsprogramme versuchen Kunden daher zusätzlich an bestimmte Unternehmen zu binden, sei es das Bonusprogramm eines Herstellers (z. B. Esprit e-points) oder unternehmensübergreifende Programme wie Payback.

3.2.6 Marken sind wertvoll

2009 hat die Otto Group für 65 Millionen Euro die Rechte an der Marke Quelle und deren Eigenmarken wie Privileg für Deutschland, Russland und weitere mittel- und osteuropäische Länder erworben. Gegenstand des Kaufes war die Nutzung der Marken, Logos und der meisten Internet-Domains.

Die Marke Tesla erreichte im Jahr 2018 einen Börsenwert von 56 Milliarden US-Dollar, mehr als General-Motors (52 Milliarden) und Ford (40 Milliarden). Diese Zahl ist insofern bemerkenswert, weil ein großer Teil des Marktwertes der Wirkung der Marke zugeschrieben werden kann. Tesla steht für Pioniergeist und neue Wege im Automobilbau, auch wenn die wirtschaftliche Lage mit einem Rekordverlust von 718 Millionen US-Dollar nicht unbedingt optimistisch stimmt.

Im Jahr 2018 hat auch der Apple-Konzern Großes erreicht: einen Börsenwert von 1 Billion US-Dollar – eine unvorstellbar große Summe. Wie viel alleine die *Marke* Apple wert ist, im Vergleich mit anderen Unternehmen, sehen Sie rechts oben in der Grafik.

Marke	Wert
Louis Vuitton	34 Mio $
Cisco	32 Mio $
IBM	32 Mio $
Nike	32 Mio $
Verizon	31 Mio $
Apple	183 Mio $
Mercedes-Benz	34 Mio $
Intel	34 Mio $
McDonald's	41 Mio $
Coca-Cola	57 Mio $
BMW	31 Mio $
AT&T	42 Mio $
GE	37 Mio $
Google	132 Mio $
Samsung	48 Mio $
Disney	48 Mio $
Toyota	45 Mio $
Microsoft	105 Mio $
Facebook	95 Mio $
Amazon	71 Mio $

Solche Beispiele zeigen, dass sich in der heutigen Welt gutes Branding in den meisten Fällen auszahlt und ein Unternehmen zum Erfolg führen kann.

3.2.7 Marken ermöglichen Preissteigerung

Wer große Markennamen besitzt, kann Produkte teurer verkaufen als die Konkurrenz. Gerade bei Lebensmitteln gibt es zahlreiche Beispiele. So scheint der Hersteller Griesson seine Doppelkekse sowohl für DeBeukelaer wie auch für Aldi zu produzieren. Während das Doppelkeks-Produkt von Aldi 20 Cent pro 100 g kostet, kostet das Markenprodukt 32 Cent pro 100 g, etwa 60 % mehr.

Doppelkekse verschiedener Marken

3.2.8 Marken bieten eine Plattform für neue Produkte

Erfolg lässt sich auch auf neue Produkte übertragen, dies hat z. B. das Unternehmen Seitenbacher gezeigt. Erfolgreich wurde das Unternehmen mit Müsli, seit 2010 werden auch Öle angeboten und heute können Sie von Seitenbacher Nudeln, Brei, Nüsse, Kekse, Suppen und Fruchtgummis kaufen.

3.3 Markenbildung

Ein Patentrezept für solche Wertsteigerungen gibt es nicht. Sicherlich ist es aber in beiden Fällen gelungen den Kunden einen „Mehrwert" zu vermitteln, der über den wirtschaftlichen Wert hinausgeht. Die Marken wurden mit Inhalten und überzeugenden Produkten aufgeladen.

3.3.1 Markenpositionierung

Kennen wir die Stärken und Schwächen unserer Marke? Haben wir eine Vision für unsere Marke? Können wir die Leitidee unserer Marke in einem Satz auf den Punkt bringen?

Bevor man sich Gedanken über die Zukunft einer Marke machen kann, muss man erst eine Ist-Stand-Analyse durchführen, hierzu eignet sich beispielsweise die SWOT-Analyse.

Wie wird aus Kaffeebohnen mit einem Rohstoffpreis von 2 Cent pro Tasse Kaffee ein Kundenerlebnis, für das ein Kunde bereit ist, etwa 2 Euro in einem Café zu bezahlen?

Wie wird aus einem Energy-Drink mit Herstellungskosten von ca. 5–10 Cent ein Produkt, für das die Kunden bereit sind, 1,30 Euro zu bezahlen?

SWOT-Analyse

Analyse mit Werten, die charakteristisch sind für ein Unternehmen, das Kaffee herstellt

SWOT-Analyse
Die SWOT-Analyse (Strengths (Stärken), Weaknesses (Schwächen), Opportunities (Chancen) und Threats (Bedrohungen)) ist ein Instrument des strategischen Marketings. Man prüft, wie stark die befragte Person bestimmte Werte mit einem Unternehmen verbindet.

Diese Analyse kann alternativ auch zur Analyse von Produkten und deren Wahrnehmung bei der Zielgruppe genutzt werden. Sie sehen links unten ein Beispiel zur Analyse einer Marke.

Je nach Ausprägung der Ergebnisse wird klar, wo die Stärken, die Schwächen, die Chancen und die Bedrohungen für das jeweilige Unternehmen liegen.

Vom Ist-Zustand ausgehend kann man sich nun Gedanken darüber machen, welche Vision das Unternehmen hat und für welche Werte die Marke in Zukunft stehen soll.

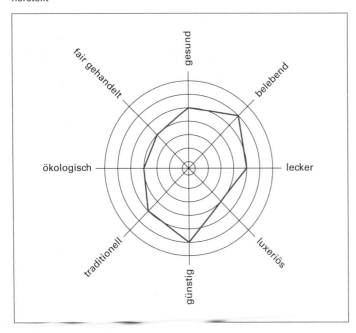

Positionierungskreuz

Das Positionierungskreuz ist eine weitere Darstellungsform von Produkt- oder Markeneigenschaften. Im Unterschied zur SWOT-Analyse werden hier Begriffspaare als Kriterien gewählt, die gegensätzlich sind, so z. B.:

- Preis (teuer/günstig)
- Qualitätsanmutung (hoch/niedrig)
- Erscheinung (emotional/funktional)
- Kundennähe (nah/distanziert)
- Modernität (modisch/traditionell)
- Ökologie (umweltfreundlich/umweltschädlich)

Diese grafische Darstellung kann gut genutzt werden, um das eigene Unternehmen mit der Konkurrenz zu vergleichen und um die Abweichung von Ist- und Soll-Zustand des eigenen Unternehmens zu erkennen.

3.3.2 Markenwerte

Beim Vorgehen zur Festlegung von Markenwerten gibt es zwei Möglichkeiten: Wenn noch nicht klar ist, für was die Marke stehen soll, dann empfiehlt es sich, von grob (Branchenwerte) nach fein (Kernwerte, Vision) vorzugehen. Falls schon genaue Vorstellungen zu den Markenwerten bestehen, kann gleich mit der Vision begonnen werden.

Bei der Wertefindung ist darauf zu achten, dass Werte festgelegt werden, die branchenspezifisch sind und die eine Differenzierung zur Konkurrenz ermöglichen (siehe Abbildung rechts).

Um später erfolgreiches Branding zu betreiben, muss außerdem auf eine Mischung aus Werten geachtet werden. Dazu gehören Werte, die für die Leistungen des Unternehmens stehen, aber auch Werte, die die Markenpersönlichkeit darstellen. Auch sollte nicht vergessen werden, dass der Nutzen eines Produktes eine funktionale und

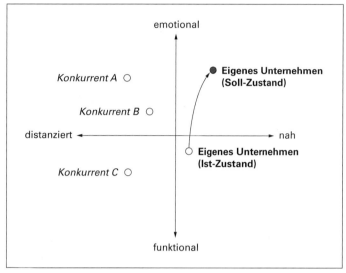

Markenpositionierungskreuz

eine emotionale Komponente beinhaltet (z.B. Imageverbesserung).

Vision

Welche Leitidee hat das Unternehmen, was will das Unternehmen bewirken? Bei der Festlegung der Vision geht es um das, was das Unternehmen bzw. den Unternehmer antreibt. Beispiele könnten sein „Wir sorgen für Fortschritt" oder „Wir sorgen für eine gesunde Ernährung".

Wertedifferenzierung

29

Markenwerte

Gliederung von
Markenwerten in:
- Kernwerte
- Differenzierungs-
  werte
- Branchenwerte

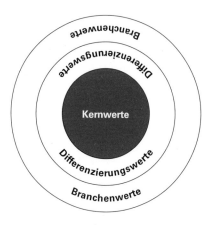

Kernwerte

Bei den Kernwerten geht es um die Fra-
ge: Worüber definiert sich die Marke?
Also welche Werte sind von zentraler
Bedeutung, wie z. B. Qualität, Tradition,
Design usw.

Differenzierungswerte

Was macht die Marke besonders?
Welche Werte unterscheiden das Unter-
nehmen von der Konkurrenz? Sind die
Produkte fortschrittlicher oder ist das
Unternehmen besonders ökologisch?

Branchenwerte

Welche Werte sind für die Branche üb-
lich, um am Markt zu bestehen?
Diese Werte lassen sich meist ganz
gut an den Produkten eines Unternehmens ableiten. Es geht darum, welche
Eigenschaften ein Produkt unbedingt er-

Toblerone

füllen muss, damit ein Kunde es kauft.
Dies sind Werte, die sich meist nicht von
den Werten eines Konkurrenzunterneh-
mens unterscheiden. Beispiele: Kun-
denfreundlichkeit, Haltbarkeit, Benut-
zerfreundlichkeit.

Imagetransfer/Testimonial

Eine besondere Möglichkeit bei der
Wertevermittlung für ein Unternehmen
bietet der Imagetransfer.
Sinnvoll ist ein solcher Imagetransfer, wenn eine regionale Nähe oder Affi-
nität (Wesensverwandtschaft) zu etwas
oder jemand vorhanden ist und das
Objekt, die Marke, die Person oder das
Tier für den Imagetransfer vorwiegend
positiv in der Öffentlichkeit wahrge-
nommen wird.
So nutzt beispielsweise die Marke Toblerone die Alpen für einen Imagetransfer. Durch Produktform, Verpackung und
Werbung versucht es Toblerone, die
Werte, die mit den Alpen verbunden
werden, auf sich zu transferieren. Weitere Beispiele für einen solchen Imagetransfer sind:
- Radeberger: Semperoper Dresden
- Jever: Die regionale Nähe zur Nord-
  see wird durch Strand und Leucht-
  türme in der Werbung vermittelt.
- Erdinger Weißbier: Bayrische Tradition
- Ricola: Herkunft Schweiz wird durch
  Schweizer Dialekt und Bildmotive in
  der Werbung vermittelt.
- Nespresso: George Clooney
- Haribo: Nach Jahrzehnten mit Thomas
  Gottschalk setzt Haribo jetzt auf Mi-
  chael Bully Herbig.
- Obi: Der gezeichnete Obi-Biber wirkt
  süß und vermittelt Werte wie „Fleiß"
  und „Baukunst".
- Schwäbisch Hall: Die Bausparkasse
  setzt seit 1975 auf den „schlauen"
  Fuchs.

3.3.3 Markenentwicklung

Damit eine Marke bestimmte Werte verkörpert, müssen diese Werte vom Unternehmen gelebt werden. Es braucht in erster Linie die Mitarbeiter, die als Markenbotschafter fungieren, sie müssen die Werte

1. kennen,
2. verstehen,
3. akzeptieren,
4. verinnerlichen,
5. anwenden und
6. promoten (bewerben).

3.3.4 Markenarchitektur

Immer mehr Unternehmen fusionieren oder werden von einem Großkonzern, wie Procter & Gamble, Nestlé oder Unilever (sogenannte Mutterunternehmen), übernommen, um Synergieeffekte zu nutzen, die ihre Wettbewerbsfähigkeit stärken.

Rechts unten sehen Sie einen möglichen Aufbau einer großen Marke, bestehend aus Dachmarke (Mutterunternehmen), Einzelmarken (Tochterunternehmen), Submarken und Sub-Submarken (meist sind dies einzelne Produkte).

3.3.5 Markenbekanntheit

Zur Messung von Marken- und Werbebekanntheit werden in der Marktforschung u. a. die Kennzahlen „Brand Awareness unaided" und „Advertising Awareness aided" verwendet.

Brand Awareness unaided
Diese Kennzahl drückt die ungestützte, aktive Markenbekanntheit eines Unternehmens aus. Eine Fragestellung könnte lauten: „Nennen Sie eine Automarke." Lautet die Antwort z. B.

Radeberger

„BMW", dann ist die Marke BMW bei der betreffenden Person „Top of Mind", also vorrangig präsent, und wird vor allen anderen genannt.

Advertising Awareness aided
Mit der Kennzahl *Advertising Awareness aided* wird die gestützte (passive) Bekanntheit einer Werbekampagne erfragt. Die Fragestellung könnte lauten: „An welchen Fernsehspot für ein Kosmetikprodukt, den Sie in der letzten Woche gesehen haben, erinnern Sie sich?" Es wird also geprüft, wie gut die Werbeerinnerung ist, d. h. wie einprägsam die Marketingmaßnahme war.

Markenarchitektur
Eine Dachmarke mit ihren Untermarken

Dachmarke	*Beispiel: Volkswagen*
Einzelmarke	*Beispiel: Audi, Seat (Schwestermarke von Audi)*
Submarke	*Beispiel: Audi A3*
Sub-Submarke	*Beispiel: Audi A3 Cabrio*

3.4 Naming

Unternehmen und Produkten einen eigenen Namen zu geben ist schwierig. Durch den Namen erhält eine Marke bzw. sein Produkt erst seinen Wiedererkennungswert.

Der Name sollte lesbar und sprechbar ein, einzigartig, kurz und einfach zu merken, geschrieben ansprechend aussehen und wenn möglich Emotionen auslösen und/oder Assoziationen ermöglichen.

Beschreibende Namen
Sie vermitteln eine konkrete Botschaft durch Bezeichnungen, die jeder verwenden darf. Erst der Absender macht sie einmalig. Oft sind sie nur national aussprechbar und kaum schutzfähig, aber einprägsam:

- 5 Minuten Terrine
- Zewa Wisch & Weg
- Smart
- Milka Lila Pause
- Zott Sahnejoghurt
- Ferrero Kinderschokolade

Assoziative Namen
Diese Namen lehnen sich an bekannte Begriffe an. Solche Namen sind eigenständig und schutzfähig. Assoziative Namen verfremden bekannte Worte, dies gelingt manchmal auch international:

- blend-a-med, blend-a-dent, Oral-B (Zahnpflegeprodukte)
- Coral (Waschmittel)
- Schwarzkopf Schauma (Duschgel)
- Dr. Best (Zahnpflegeprodukte)
- Nutella
- Ohropax (Gehörschutz)

Artifizielle Namen
Artifizielle (künstliche) Namen geben zunächst keinen Sinn, können aber durch die Marketingkommunikation inhaltlich aufgeladen werden. Kunst-

namen haben nach linguistischen, kulturellen und markenrechtlichen Prüfungen in der Regel viel Substanz und sind weltweit schutzfähig:
- Nivea
- Persil
- Ariel
- Renault Twingo

Abkürzungen
Lange Firmennamen kann man auch abkürzen, meist entstehen dabei aber Kürzel, die nicht lesbar sind, sondern buchstabiert werden müssen:
- GM (General Motors)
- BMW (Bayrische Motorenwerke)
- IBM (International Business Machines)
- HARIBO (Firma Hans Riegel, Bonn)

Internationalität
Mitsubishi hatte in Spanien anfangs Probleme mit dem Verkauf des Pajero (spanisches Wort für Selbstbefriedigung). Inzwischen heißt das Auto in Spanien *Montero*. Das von 2009 bis 2016 angebotene Elektroauto i-MiEV war sprachlich in Deutschland auch nicht optimal gewählt.

Audi wählte für sein Elektroauto den Namen e-tron, bedachte aber vielleicht nicht, dass das Wort „l'étron" im Französischen „der Kothaufen" bedeutet.

Da „Persil" im Französischen „Petersilie" heißt, nennt Henkel das Waschmittel in Frankreich „Le Chat".

GM ist besonders kreativ bei der Namensgebung, während Sie in Deutschland einen „Opel Insignia Grand Sport" kaufen können, heißt das Auto in Großbritannien „Vauxhall Insignia Grand Sport", in Australien „Holden Commodore" und in den USA „Buick Regal Sportback".

3.5 Markenrecht

Der Schutz durch das Markengesetz (MarkenG) erstreckt sich auf Marken, geschäftliche Bezeichnungen und geografische Herkunftsangaben. Zuständig für den Schutz ist das Deutsche Patent- und Markenamt (DPMA).

Nach dem MarkenG können unternehmensbezogene Unterscheidungsmerkmale bewusst geschützt werden (durch Eintragung) oder auch einen Schutz durch eine gewisse Bekanntheit erlangen. Nach § 3 MarkenG sind folgende Zeichen als Marke schutzfähig:

- Grafische Zeichen
- Wörter (auch Personennamen)
- Abbildungen
- Buchstaben
- Zahlen
- Hörzeichen

Soweit ein Element dazu geeignet ist, eine Ware, Verpackung oder Dienstleistung von derjenigen der Konkurrenz zu unterscheiden, sind außerdem schutzfähig:

- dreidimensionale Gestaltungen
- Formen von Waren oder Verpackungen
- Farben und Farbzusammenstellungen

Wortmarke

Eine Wortmarke ist z. B. der Name eines Unternehmens, der zur Kennzeichnung von Waren und Dienstleistungen genutzt wird. Zum Beispiel wurde die Wortmarke „Volkswagen" am 03.06.1952 ins Register des DPMA eingetragen.

Wort-Bild-Marke

Eine Wort-Bild-Marke stellt in der Regel eine Kombination aus Wörtern und grafischen Elementen dar. Im Sinne des MarkenG kann eine Wort-Bild-Marke auch lediglich aus Schrift bestehen, wobei dann nur das Aussehen der Schrift Schutzgegenstand ist. Ein Beispiel:

Axel Springer SE hat am 17.02.2016 die folgende Wort-Bild-Marke eintragen lassen:

Bildmarke

Die Mercedes-Benz AG hat am 03.05.1938 die folgende Abbildung als Bildmarke eintragen lassen:

Farbmarke

Als Farbmarke kann eine charakteristische Farbe geschützt werden, die die Waren und Dienstleistungen eines Unternehmens kennzeichnet. Am 16.05.2007 wurde von der Deutschen Post AG „Gelb" als Farbmarke eingetragen. In der Beschreibung heißt es: „Die Farbe „Gelb" der Deutschen Post AG ist eine Farbe, die im Wesentlichen der Normfarbe Pantone 116 C oder der Normfarbe HKS 4 entspricht."

3.6 Tonalität

Tonalität ist der sprachliche Teil der Werbung. Es geht um die Zielgruppenansprache und die Kommunikation von Markenwerten, Produkteigenschaften und Kundennutzen.

3.6.1 Zielgruppenansprache

Je nach Zielgruppe und Branche kann die Zielgruppe mit „Sie" oder „Du" angesprochen werden. Manchmal ist eine höfliche Fragestellung richtig, manchmal die direkte Aufforderung, wie das Beispiel oben „JETZT: Hammerangebot sichern!" (Media Markt). Einen Porsche würden Sie so aber eher nicht verkaufen.

3.6.2 Slogan/Claim

Slogans (Claims) sind kurze Aussagen, die beschreibende oder emotionale Informationen vermitteln. Sie können den Wiedererkennungswert einer Marke erhöhen und die Markenbekanntheit unterstützen. Ein Slogan sollte einprägsam, verständlich und markenbezogen sein. Manche Unternehmen integrieren ihren Slogan ins Logo, im Fall von Bitburger werden Sie das Logo kaum irgendwo ohne Slogan finden. Für den Slogan gilt, ähnlich wie beim Corporate Design, dass er nicht zu oft gewechselt werden sollte. Einen höflichen, aber

sprachlich nicht ganz idealen Slogan hat die Auskunft 11880 für sich ausgesucht: „Da werden Sie geholfen." Hier eine kleine Sammlung von guten, aktuellen Solgans:

- 11880: Da werden Sie geholfen.
- Almighurt: Almighurt von Ehrmann, keiner macht mich mehr an.
- Aral: Alles super.
- Baden-Württemberg: Wir können alles. Außer Hochdeutsch.
- Bitburger: Bitte ein Bit
- BMW: Freude am Fahren
- Bundeswehr: Wir. Dienen. Deutschland.
- Coca-Cola: Taste the Feeling
- dm: Hier bin ich Mensch, hier kauf ich ein
- Edeka: Wir lieben Lebensmittel
- Exquisa: ... keiner schmeckt mir so wie dieser.
- Fielmann: Brille: Fielmann
- Hornbach: Es gibt immer was zu tun.
- Lidl: Lidl lohnt sich
- McDonald's: Ich liebe es
- Mercedes-Benz: Das Beste oder nichts
- Miele: Einmal Miele, immer Miele
- Nike: Just do it.
- Nordsee: Wir sind Fisch.
- Paulaner: Gut, besser, Paulaner!
- Red Bull: Red Bull verleiht Flügel
- Schwäbisch Hall: Auf diese Steine können Sie bauen
- Toyota: Nichts ist unmöglich

3.7 Aufgaben

1 Begriff Branding definieren

Erklären Sie, was man unter Branding versteht.

2 Markenfunktionen kennen

Nennen Sie vier Funktionen, die Marken aus Sicht des Kunden erfüllen.

1.

2.

3.

4.

3 Markenfunktionen kennen

Nennen Sie vier Funktionen, die Marken aus Sicht des Anbieters erfüllen.

1.

2.

3.

4.

4 SWOT-Analyse kennen

Erklären Sie, wofür das Akronym „SWOT" steht.

S:

W:

O:

T:

5 SWOT-Analyse anwenden

Bewerten Sie in der Abbildung die Autos der Automarke Tesla anhand der dargestellten Kriterien.

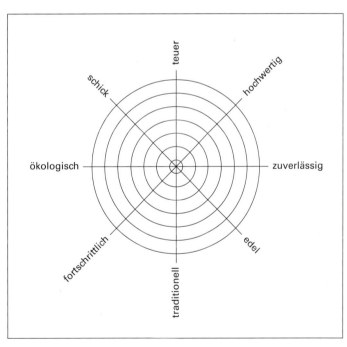

6 Positionierungskreuz anwenden

Bewerten Sie in der Abbildung die folgenden Tageszeitungen anhand der dargestellten Kriterien:
- Bild (Bildzeitung)
- FAZ (Frankfurter Allgemeine Zeitung)
- SZ (Süddeutsche Zeitung)

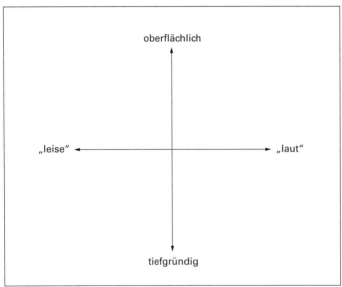

7 Markenwerte kennen

Erklären Sie die folgenden Begriffe:

Kernwerte:

Differenzierungswerte:

Branchenwerte:

8 Imagetransfer kennen

Beschreiben Sie, was man unter einem Imagetransfer versteht.

9 Begriffe zur Markenbekanntheit kennen

Erklären Sie die folgenden Kennzahlen:

Brand Awareness unaided:

Advertising Awareness aided:

10 Naming kennen

Nennen Sie fünf Anforderungen an einen Marken- bzw. Produktnamen.

1.

2.

3.

4.

5.

11 Produktnamen bewerten

Bewerten Sie die folgenden Marken- bzw. Produktnamen in Bezug auf die Aussagekraft und die Merkfähigkeit.

a. „Vitalis Weniger süß Knusper Pur" (Müsli)

Aussagekraft:

Merkfähigkeit:

b. „Hasbro Nerf N-Strike Modulus Shadow Ops Evader" (Spielzeugwaffe)

Aussagekraft:

Merkfähigkeit:

12 Schützbare Marken kennen

Nennen Sie vier nach dem MarkenG schutzfähige Markenarten.

1.

2.

3.

4.

13 Slogan/Claim kennen

Nennen Sie fünf Anforderungen an einen Slogan/Claim.

1.

2.

3.

4.

5.

4.1 Komponenten der Corporate Identity

Corporate Identity

Die drei Säulen einer Corporate Identity sind:
- Corporate Design
- Corporate Communication
- Corporate Behaviour

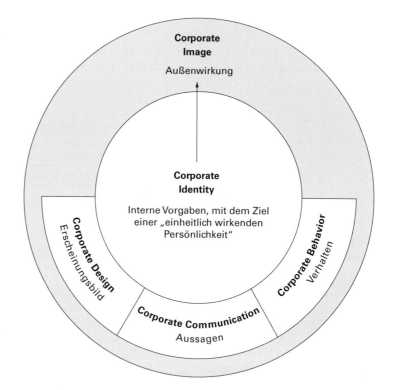

4.1.1 Begriffsdefinition

Stellen Sie sich vor, Sie besuchen eine Bankfiliale in Ihrer Nähe. Schon bevor Sie hineingehen, registrieren Sie unbewusst, dass es sich um ein gepflegtes Gebäude handelt, und an der deutlich lesbaren Schrift an der Fassade haben Sie erkannt, dass es die betreffende Bank ist. Drinnen begrüßt Sie höflich ein elegant gekleideter Herr, der Sie fragt, wie er Ihnen weiterhelfen kann, und sich entschuldigt, dass Sie kurz warten mussten. Neben dem Schalter liegen Flyer aus, natürlich mit dem Logo der Bank darauf. Falls Sie vergessen haben, wie der Mitarbeiter heißt, mit dem Sie gerade reden, können Sie dies auf seinem schicken Namensschild nachlesen. Auch als Sie sich über die gestiegenen Kontoführungsgebühren beschweren, bleibt er verständnisvoll und bemüht sich, Ihnen die Ursachen zu erklären.

Dieses Beispiel hat Ihnen die Außenwirkung einer typischen Bank aufgezeigt. Das Ziel eines Unternehmens ist es, dass diese Außenwirkung auf den Kunden einheitlich und stimmig ist (Corporate Image). Bausteine für diese einheitliche Wirkung eines Unternehmens (Corporate Identity) sind die Gestaltung von z. B. Gebäude, Flyer und Arbeitskleidung (Corporate Design), die Aussagen der Mitarbeiter und die Werbebotschaften (Corporate Communication) sowie das Verhalten eines Unternehmens z. B. gegenüber Kunden, aber auch gegenüber den eigenen Mitarbeitern. Erscheinungsbild, Aussagen

© Springer-Verlag GmbH Deutschland, ein Teil von Springer Nature 2019
P. Bühler et al., *Medienmarketing*, Bibliothek der Mediengestaltung,
https://doi.org/10.1007/978-3-662-55395-4_4

und Verhalten sind – wie bei uns Menschen – charakteristische Merkmale der „Persönlichkeit" eines Unternehmens, eine stimmige, einheitliche Wirkung verstärkt die Glaubwürdigkeit und kann so einen wesentlichen Beitrag zu einer erfolgreichen Markenbildung (Branding) leisten.

Corporate Identity (CI) stellt also die Absicht eines Unternehmens oder einer Institution dar, nach innen und außen als geschlossene Einheit aufzutreten. Leitfragen, die zur Erstellung eines CI gestellt werden müssen, sind:

- Wie sehen wir uns (= Selbstbild)?
- Wie werden wir gesehen (= Fremdbild)?
- Welche Ziele verfolgen wir?
- Welche Erwartungen werden an uns gestellt?
- Wie können wir diese Erwartungen erfüllen?
- Wie können wir besser sein (oder werden) als die Konkurrenz?

Viele Unternehmen oder Institutionen fassen diese grundlegenden Vorstellungen in einem *Leitbild* zusammen. Nicht ohne Grund ist bei allen Leitfragen von „wir" die Rede.

Dieses Wir-Gefühl ist die Voraussetzung für eine erfolgreiche Corporate Identity: *Wir* sind das Unternehmen und *wir* verfolgen gemeinsame Ziele.

Insofern passt das Bild von der *einen* Persönlichkeit, zu der ein Unternehmen durch diese Geschlossenheit wird.

Interne Vorteile einer gelungenen CI
- Hoher Grad an Identifikation mit dem Unternehmen (Wir-Gefühl) bewirkt eine Motivationssteigerung für die Mitarbeiter.
- Höhere Effizienz und Entscheidungssicherheit durch inhaltliche Handlungsweisen

Externe Vorteile einer gelungenen CI
- Unverwechselbarkeit – optimale Abgrenzung gegenüber der Konkurrenz
- Marktpräsenz – schnellere Erkennbarkeit und Wiedererkennbarkeit des Unternehmens und seiner Produkte
- Image-Bonus durch ein einheitliches, verständliches, wiedererkennbares und nicht zu verwechselndes Erscheinungsbild

4.1.2 Corporate Design

Corporate Design beschäftigt sich mit dem Erscheinungsbild des Unternehmens, also den Fragen:
- Wie gelingt es, nach außen und innen einheitlich in Erscheinung zu treten?
- Wie kann erreicht werden, dass ein Unternehmen mit seinen Produkten

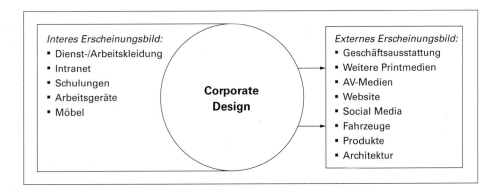

Interes Erscheinungsbild:
- Dienst-/Arbeitskleidung
- Intranet
- Schulungen
- Arbeitsgeräte
- Möbel

Corporate Design

Externes Erscheinungsbild:
- Geschäftsausstattung
- Weitere Printmedien
- AV-Medien
- Website
- Social Media
- Fahrzeuge
- Produkte
- Architektur

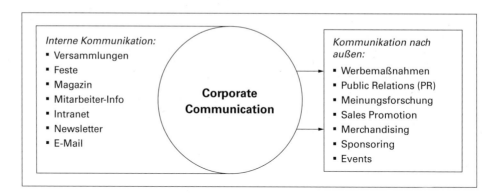

Interne Kommunikation:
- Versammlungen
- Feste
- Magazin
- Mitarbeiter-Info
- Intranet
- Newsletter
- E-Mail

Corporate Communication

Kommunikation nach außen:
- Werbemaßnahmen
- Public Relations (PR)
- Meinungsforschung
- Sales Promotion
- Merchandising
- Sponsoring
- Events

eindeutig in Verbindung gebracht wird?
- Wie kann es gelingen, ein Unternehmen zur Marke zu machen?

Da Corporate Design eine zentrale Aufgabe der Mediengestaltung ist, haben wir diesem Thema ein eigenes Kapitel gewidmet (siehe Seite 42).

4.1.3 Corporate Communication

Bei Kommunikation denken wir zunächst an die *sprachliche* Kommunikation unter Menschen. Corporate Communication meint aber nicht nur die Kommunikation über Sprache, sondern auch alle Werbeaussagen, z. B. über Printmedien, Internet, Rundfunk oder Fernsehen. Wie bei jeder zwischenmenschlichen Beziehung gilt auch für Unternehmen: Kommunikation ist entscheidend für den Unternehmenser-

Corporate Communication

folg! Oder umgekehrt: Wer seine Ideen, Produkte, Erfolge nicht kommuniziert, wird scheitern.

Wie in der Grafik dargestellt, muss zwischen Kommunikation nach „innen" und „außen" unterschieden werden.

Die externe Kommunikation verfolgt das primäre Ziel, das Unternehmen oder dessen Produkte nach außen hin bekannt zu machen. In erster Linie erfolgt dies durch Werbung. Wir alle kennen Beispiele, bei denen Werbung so geschickt betrieben wird, dass bereits ein Slogan („Just do it."), einige Töne (Telekom-Jingle) oder eine Bildmarke (Nike, McDonald's) genügen, um den Bezug zum Unternehmen herzustellen. Im Idealfall gelingt es sogar, mit der Marke ein Lebensgefühl („Lifestyle") zu kommunizieren.

Seien Sie einmal ehrlich: Haben Sie ein iPhone, weil Sie es im Vergleich zu anderen Smartphones besser finden? Oder haben Sie es, weil Sie es „cool" finden, ein iPhone zu haben?

Neben der Werbung zählen zur Kommunikation nach außen auch Sponsoring und Öffentlichkeitsarbeit (Public Relations).

Die zweite Säule des Wir-Gefühls betrifft die interne Kommunikation. Nur wenn es der Unternehmensleitung gelingt, die Mitarbeiter als Partner zu

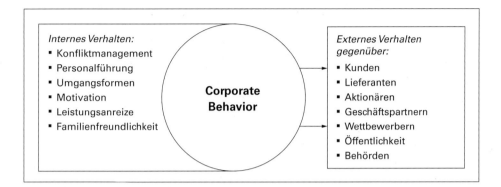

Internes Verhalten:
* Konfliktmanagement
* Personalführung
* Umgangsformen
* Motivation
* Leistungsanreize
* Familienfreundlichkeit

Corporate Behavior

Externes Verhalten gegenüber:
* Kunden
* Lieferanten
* Aktionären
* Geschäftspartnern
* Wettbewerbern
* Öffentlichkeit
* Behörden

betrachten und mit „ins Boot" zu holen, wird ein Unternehmen langfristig erfolgreich sein.

* Wie spricht der Chef mit seinen Mitarbeitern?
* Wie häufig kommt es zu Besprechungen?
* Wie werden Entscheidungen getroffen?
* Ist die Meinung der Mitarbeiter gefragt?

4.1.4 Corporate Behaviour

Der dritte Bereich der Corporate Identity ist das Corporate Behaviour. Hierbei gibt es durchaus Überschneidungen mit der Corporate Communication, da ja Verhalten immer auch Kommunikation einschließt. Dennoch verfolgt dieser Bereich eine andere Zielsetzung und beschreibt den Umgang und das Verhalten innerhalb des Unternehmens und gegenüber allen externen Personen wie Kunden, Lieferanten, Geschäftspartnern oder, bei Bildungseinrichtungen, mit den Schülern, Studenten und Eltern. Ein gutes Produkt wird auf Dauer nicht genügen, um ein Unternehmen erfolgreich zu machen. Nicht zuletzt die Globalisierung trägt dazu bei, dass es viele Unternehmen gibt, die ähnlich gute Produkte bieten. Zum langfristigen

Erfolg gehört deshalb die Glaubwürdigkeit des Unternehmens.

Corporate Behaviour verfolgt die Ziele, dass Kunden
* ernst genommen, richtig beraten und nicht „über den Tisch gezogen" werden,
* Vertrauen ins Unternehmen und dessen Produkte und Dienstleistungen gewinnen,
* auch langfristig mit Unterstützung (Support) rechnen können.

Die Ziele des internen Corporate Behaviour sind, dass sich Mitarbeiter
* mit ihrem Unternehmen identifizieren,
* im Idealfall stolz darauf sind, für das Unternehmen zu arbeiten,
* den Sinn und Nutzen ihrer Tätigkeit für das Unternehmen erkennen,
* sich für ihre Tätigkeit angemessen entlohnt fühlen.

Corporate Behaviour

4.2 Corporate Design

Wenn wir bei Corporate Identity von der „Persönlichkeit" eines Unternehmens sprechen, dann ist Corporate Design, kurz CD, das Gesicht dieser Persönlichkeit.

Corporate Design ist das innere und äußere Erscheinungsbild eines Unternehmens, einer Behörde oder einer anderen Institution. Corporate Design sorgt dafür, dass das Unternehmen einmalig, unverwechselbar und individuell wird. Damit beeinflusst das Corporate Design wesentlich das *Image* eines Unternehmens oder einer Institution. Der Begriff „Image" heißt in der wörtlichen Übersetzung „Bild", bezeichnet aber auch den Ruf, das Ansehen des Unternehmens.

Die Entwicklung und Umsetzung eines Corporate Designs ist eine anspruchsvolle Aufgabe für Mediengestalter oder Grafikdesigner, die Zeit braucht und Geld kostet. Leider sind sich die Auftraggeber darüber nicht immer im Klaren. Doch ist dieses Geld gut investiert, wenn man bedenkt, dass ein Corporate Design über viele Jahre oder sogar Jahrzehnte das Image eines Unternehmens prägt.

4.2.1 Komponenten

Die wichtigsten Komponenten eines Corporate Designs sind:
- Logo
- (Haus-)Farben, Farbkonzept
- (Haus-)Schriften
- Gestaltungsraster, Layout
- Bildsprache
- Geschäftsausstattung, z. B. Briefbogen, Briefumschläge, Visitenkarten, Stempel
- Internetauftritt, Social-Media-Präsenzen
- E-Mail-Signatur
- Newsletter
- Werbeträger, z. B. Imagebroschüre, Flyer, Plakate, Give-away-Produkte
- Präsentationsvorlage
- Fahrzeugbeschriftung
- Arbeits-/Dienstkleidung
- Gebäudearchitektur, Fassadengestaltung
- Innenarchitektur und Raumausstattung
- Messestände, Roll-ups, Displays
- Produktdesign (bei produzierenden Firmen)

4.2.2 Logo

Das Logo ist das Aushängeschild des Unternehmens. Informationen zur Logogestaltung finden Sie im Band „Zeichen und Grafik" in dieser Buchreihe.

Beispiele für reine Wortzeichen finden Sie rechts in der Grafik. Der Begriff Logo wird häufig auch für die Kombination aus Wort und Abbildung (kombinierte Zeichen bzw. Wort-Bild-Marke) verwendet. Relativ selten besitzen Firmen einen so hohen Bekanntheitsgrad, dass sie sich auf ein reines Bildzeichen als Logo beschränken können. Beispiele sind die Logos von Apple oder Deutsche Bank. Für unbekannte Firmen empfiehlt sich die Verwendung eines reinen Bildzeichens nicht. Weitere Varianten sind Buchstabenzeichen, diese werden meist dann verwendet, wenn der Markenname sehr lang ist, und Zahlenzeichen. Zahlenzeichen werden selten eingesetzt, da sie sich nicht so gut einprägen lassen.

Gestaltung eines Logos

Die Gestaltungsmerkmale eines Logos finden Sie ausführlich im Band „Zeichen und Grafik" in dieser Buchreihe:

- Ein Logo muss einen eindeutigen Bezug zur Firma oder zum Produkt herstellen. Es steht niemals für sich selbst, sondern immer im Kontext.
- Ein Logo ist abstrahiert, stilisiert und reduziert zu gestalten. Hierdurch wird es einprägsam, eindeutig und wiedererkennbar.
- Ein Logo muss in allen Größen und Formaten vom Firmenschild bis zur Visitenkarte reproduziert werden können. Es muss eine Schwarzweiß- und eine Farbvariante existieren.
- Ein Logo wird immer als Vektordatei erstellt, damit es in allen Größen vom Kugelschreiber-Aufdruck bis zur Lastwagenplane verwendet werden kann.
- Ein Logo muss ins Gestaltungskonzept des Corporate Designs integriert werden. Hierzu gehört, wo und wie das Logo platziert werden darf, und auch, in welchen Varianten es nicht verwendet werden darf.

Corporate ...

Eine Ausweitung kann das Corporate Design durch weitere sinnlich wahrnehmbare Merkmale erfahren, wie den akustischen Auftritt (Corporate Sound) oder einen Geruch (Corporate Smell).

Wortzeichen

Von oben:
- Fielmann
- Esprit

Kombinierte Zeichen

Von links:
- Deutscher Fußball-Bund
- Müller

Bildzeichen

Von links:
- Apple
- Deutsche Bank

Buchstabenzeichen

Von links:
- DPD
- H&M

Zahlenzeichen

Von links:
- Das Erste
- 4711

Freiraum

Der Mindestfreiraum um das Unternehmenszeichen beträgt nach allen Seiten hin mindestens einmal
die Versalhöhe „D". Kann der Freiraum um das Zeichen nicht eingehalten werden, wird auf dessen
Abbildung verzichtet.

Am verbreitetsten ist hierbei der
Corporate Sound. Durch die flächende-
ckende Verbreitung der audiovisuellen
Medien Radio, Fernsehen und Internet
kann das visuelle Erscheinungsbild um
eine akustische Komponente ergänzt
werden. Neben dem Sehsinn wird so
ein weiterer Sinn des Menschen, der
Hörsinn, angesprochen.

Bei einem *Soundlogo* handelt es sich
um eine typische, unverwechselbare
kurze Melodie, die nach einiger Wieder-
holung eindeutig einem Unternehmen
zugeordnet werden kann.

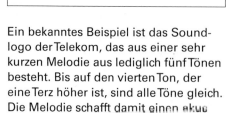

Ein bekanntes Beispiel ist das Sound-
logo der Telekom, das aus einer sehr
kurzen Melodie aus lediglich fünf Tönen
besteht. Bis auf den vierten Ton, der
eine Terz höher ist, sind alle Töne gleich.
Die Melodie schafft damit einen akustischen Bezug zum Telekom-Logo, das

ebenfalls vier gleiche Punkte enthält.
Andere Firmen greifen auf bekannte
Kompositionen zurück.

4.2.3 Farbe, Farbkonzept

Manche Firmen haben es tatsächlich
geschafft, dass eine einzige Farbe eine
Assoziation mit der Firma hervorruft:

Milka ist der geniale Coup gelungen,
eine Farbe einzuführen, die mittlerweile
zum unverkennbaren Markenzeichen
geworden ist. So soll es ja Kinder in
Großstädten geben, die tatsächlich
denken, dass Kühe lila sind ;-).

Andere Firmen, wie Coca Cola,
Telekom oder Yellostrom, haben mit
ihren Hausfarben Rot, Magenta bzw.
Gelb ähnlichen Erfolg. Und auch in
der politischen Parteienlandschaft sind
Farben zu „Markenzeichen" und sogar
zu Parteinamen geworden.

Farbe „funktioniert" in allen visuellen Medien. Beachten Sie aber, dass
Computermonitore, Printmedien und
Autolacke unterschiedliche Farbräume
besitzen. Die gewünschten Farben müssen für alle Verwendungszwecke und
zugehörige Farbräume definiert werden, in denen sie eingesetzt werden.

Unten in der Abbildung sehen Sie die Festlegungen für die Farben der Marke Lufthansa:

- *RGB* und *HEX* für Digitalmedien **A**
- *CMYK* für Printmedien **B**
- *Pantone* für den Druck mit Sonderfarben, „C" (coated) für gestrichenes, „U" (uncoated) für ungestrichenes Papier und „TCX" (Textil Cotton X) für den Druck auf Baumwolle **C**
- *L*a*b* zur Umrechnung in weitere Farbsysteme **D**
- *RAL* für Fahrzeug- und Flugzeuglackierung bzw. -beschriftung **E**

Die wesentlichen Ziele für die Verwendung von Farben im Corporate Design sind:

- *Assoziationen schaffen*
  Beispiele: British Petroleum (BP) versucht, sich mit den Farben Hellgrün, Dunkelgrün und Gelb das Image eines umweltfreundlichen Unternehmens zu verleihen. McDonald's hat 2009 sein Logo von Gelb-Rot auf Gelb-Grün verändert: Sollen wir nun denken, das Hamburger und Pommes gesund sind?
  Blau gilt als seriös, sachlich und vertrauenswürdig, weshalb die Farbe oft von Banken (z. B. Deutsche Bank), Versicherungsunternehmen (z. B. Allianz) oder Nachrichtensendern (z. B. ARD) als Hausfarbe gewählt wird.
- *Wiedererkennungswert steigern*
  Jedes Kind weiß auch, dass Milka lila, Coca Cola rot, Telekom magenta und Tempotaschentücher blau sind.
- *Leiten und Führen*
  Denken Sie beispielsweise an unsere Verkehrsschilder: Alle Gebotsschilder sind blau, alle Verbotsschilder rot, alle Ortsschilder gelb. Auch bei der Entwicklung eines Corporate Designs können Farben bestimmte Leitfunktionen zugeordnet werden. So verwendet beispielsweise die Stiftung Warentest Farben zur Kennzeichnung der einzelnen Produkte *test*, *Finanztest* und *test.de* (siehe Abbildungen rechts).

Logofamilie der Stiftung Warentest

Farbsystem von Lufthansa
Die Farben sind für verschiedene Farbsysteme definiert.

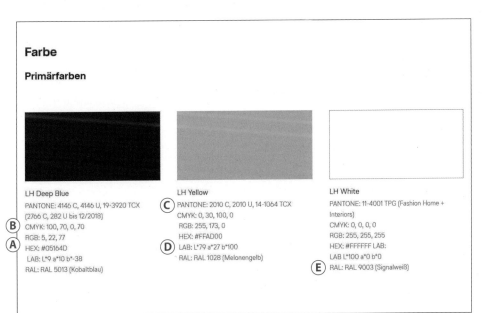

Farbe

Primärfarben

LH Deep Blue
PANTONE: 4146 C, 4146 U, 19-3920 TCX (2766 C, 282 U bis 12/2018)
B CMYK: 100, 70, 0, 70
A RGB: 5, 22, 77
HEX: #05164D
LAB: L*9 a*10 b*-38
RAL: RAL 5013 (Kobaltblau)

LH Yellow
C PANTONE: 2010 C, 2010 U, 14-1064 TCX
CMYK: 0, 30, 100, 0
RGB: 255, 173, 0
HEX: #FFAD00
D LAB: L*79 a*27 b*100
RAL: RAL 1028 (Melonengelb)

LH White
PANTONE: 11-4001 TPG (Fashion Home + Interiors)
CMYK: 0, 0, 0, 0
RGB: 255, 255, 255
HEX: #FFFFFF LAB:
LAB L*100 a*0 b*0
E RAL: RAL 9003 (Signalweiß)

Typografie

4.2.4 Schrift, Schriftkonzept

Nur große Konzerne leisten sich den Luxus, eine firmeneigene Schrift zu besitzen. Damit wird die Schrift Teil der Marke und trägt wie das Logo dazu bei, dem Unternehmen eine individuelle und unverwechselbare „Persönlichkeit" zu geben. Beispiele hierfür sind die Schriftfamilie „DB Type" der Deutschen Bahn oder die Schriftfamilie „Siemens Font Family" von Siemens.

Es geht auch ohne eigene Schrift! Das Angebot an guten Druckschriften ist groß und bietet für jeden Zweck eine passende Schrift. Zur Inspiration listen wir die Hausschriften einiger Firmen auf. Weitere Beispiele finden Sie unter www.typografie.info:

- 3sat: Gill Sans
- ADAC: Franklin Gothic
- Bildzeitung: Gotham
- Postbank: Frutiger
- Sixt: Helvetica Inserat
- SPD: TheSans
- ZDF: Swiss721

Oft werden „Klassiker" wie die Helvetica, Frutiger oder Univers als Firmenschriften eingesetzt. Diese Schriften sind zeitlos schön und sehr gut lesbar. Weiterhin ist festzustellen, dass fast nur noch serifenlose Schriften gewählt werden. Dies dürfte einerseits dem

Zeitgeist geschuldet sein, andererseits sind diese Schriften auf allen digitalen Medien problemlos darstellbar. Sie sehen, dass auch technische Gründe bei der Auswahl einer Schrift eine Rolle spielen können.

Merkmale einer Hausschrift

Welche Kriterien muss eine Schrift erfüllen, damit sie das „Zeug" zur Hausschrift hat? Hier einige Antworten:

- Oberstes Gebot ist optimale Lesbarkeit der Schrift. Bedenken Sie, dass sie in unterschiedlichen Medien und Größen zum Einsatz kommt.
- Die Auswahl der Schrift orientiert sich an der Zielgruppe. Große Unternehmen besitzen eine große Zielgruppe, die gewählte Schrift muss also ein Kompromiss sein, der für alle akzeptabel ist.
- Der Schriftcharakter muss zum Unternehmen bzw. zu dessen Produkten passen.
- Die Schrift muss „medientauglich" sein. Dies bedeutet, dass sie in gedruckter Form, im Internet und eventuell im Fernsehen eingesetzt werden kann.
- Die Schrift muss zeitgemäß und modern sein, darf aber nicht dem momentanen Zeitgeist unterliegen. Ein Unternehmen sollte nicht alle zehn Jahre seine Hausschrift wechseln.

Beispiele für charakteristische Firmenschriften

Lösungen siehe unten

Von oben:
- Audi (Audi Type)
- Daimler (CorporateA)
- Volkswagen (VW Head)

Kennen Sie diese Automarke?

Kommt Ihnen auch diese Automarke bekannt vor?

Und wie sieht es mit dieser Automarke aus?

4.2.5 Gestaltungsraster und Layout

Eine einheitliche und durchgängige Gestaltung ist ein zentrales Ziel eines Corporate Designs. Damit dieses Ziel erreicht wird, müssen für jedes Produkt Gestaltungsrichtlinien erstellt werden. Diese beinhalten:

- Festlegung der Formate z. B. aus der DIN-A-Reihe
- Entwicklung eines Gestaltungsrasters durch Festlegung des Grundzeilenabstands, der Spaltenanzahl und der Seitenränder
- Festlegung des Satzspiegels und Klärung, wo Text und wo Abbildungen und Logo platziert werden dürfen.
- Ganz wichtig: Festlegung von Freiräumen, z. B. um das Logo herum
- Festlegung der Typografie, z. B. Schriftgrößen, Schriftauszeichnungen, Tabellen, Ziffern, Zahlen usw.
- Definition des Farbeinsatzes
- Festlegung weiterer Gestaltungselemente wie Linien, Tonflächen, Schmuckelemente usw.
- Anlegen von Musterseiten mit Stilvorlagen für die professionelle Medienproduktion (Quark, InDesign) und für die Bürokommunikation (Word-Vorlagen)
- Erstellen einer Musterdatei für Bildschirmpräsentationen (PowerPoint)
- Erstellen von Templates und Stylesheets für den Internetauftritt sowie für mobile Endgeräte (Apps)

Sie erkennen, dass hier „Fleißarbeit" gefordert ist. Dennoch gilt: Je genauer Sie an dieser Stelle arbeiten, umso leichter fällt die spätere Umsetzung des Corporate Designs.

Rechts sehen Sie einen Auszug aus den Gestaltungsrichtlinien der Marke Smart.

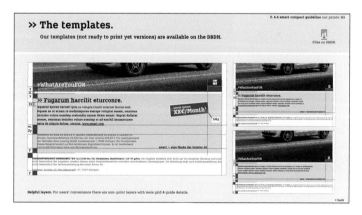

Auszug aus „The smart compact guideline 4.6"

Der Styleguide beinhaltet Festlegungen zu den Designelementen und deren Anordnung.

4.2.6 Bildwelt

Auch eine einheitliche Bildsprache ist für das einheitliche Erscheinungsbild wichtig. Mögliche Regeln zur Bild-/Grafiknutzung können sein:

- Vorwiegend verwendete Farben
- Einheitliche Bildbearbeitung, einheitliche Effekte
- Einheitliche Bildrahmen/-begrenzungen (Kontur, Verlauf, randabfallend ...)
- Formensprache (rund, eckig ...)
- Brennweite, Perspektive, Lichteinfall
- Bildausschnitt
- Bildinhalte (wiederkehrende Elemente)

Das Schwarzweißbild passt nicht ganz so harmonisch zu den anderen Bildern und das Bild mit den abgerundeten Ecken und dem weichen Bildrand passt gar nicht zu den übrigen Bildern.

4.3 Styleguide

Das beste CI-Konzept nützt nichts, wenn es nicht umgesetzt wird. Vergleichbar mit der Bedienungsanleitung eines technischen Gerätes muss auch für ein CI-Konzept ein „Regelwerk" erstellt werden, das als *Styleguide* oder *Corporate Design Manual* bezeichnet wird.

Bedenken Sie, dass eine Corporate Identity und vor allem das Corporate Design von Medienspezialisten erstellt wird, die Umsetzung aber durch die Mitarbeiter des Unternehmens oder der Institution erfolgen muss. Diese können mit Fachbegriffen wie „Satzspiegel" oder „Schriftgrad" nicht unbedingt etwas anfangen. Bei der Erstellung des Styleguides müssen Sie also darauf achten, dass er in einer auch für Laien verständlichen Sprache geschrieben wird, ohne dass dabei die inhaltliche Aussage verloren geht.

Ein Styleguide vermittelt neben dem Einsatz von Logo, Typografie, Farben und Layout oft auch die beabsichtigte Bildsprache, bevorzugt zu verwendende Materialien und den Umgang mit Texten. Damit schlägt ein Styleguide die Brücke zwischen Erscheinungsbild (Corporate Design), Aussagen (Corporate Communication) und Verhalten (Corporate Behaviour) eines Unternehmens.

Dadurch dass Gestaltung erklärt wird, kann sie mit den Leitzielen des Unternehmens in Beziehung gebracht werden. Denn hinter jedem Gestaltungskonzept verbergen sich Intentionen, die sich mit Begriffen wie Offenheit, Vertrauen, Zuverlässigkeit, Wärme, Nähe, Dynamik, Modernität in Verbindung bringen lassen.

Unten sehen Sie einen Auszug aus dem Styleguide der Marke Tirol. Weitere Beispiele für Styleguides finden Sie im Internet unter www.ci-portal.de und www.designtagebuch.de.

Gestaltungsleitfaden der Marke Tirol

Doppelseite zur Gestaltung von Zeitschriftenhaltern

4.4 Aufgaben

1 Corporate Identity definieren

Definieren Sie den Begriff „Corporate Identity".

2 Säulen der Corporate Identity beschreiben

Nennen Sie die drei Säulen einer CI und erklären Sie an einem Beispiel, was darunter zu verstehen ist.

1.

2.

3.

3 Komponenten des Corporate Designs kennen

Nennen Sie sechs Komponenten, die üblicherweise zu einem Corporate Design dazu gehören.

1.

2.

3.

4.

5.

6.

4 Logovarianten kennen

Nennen Sie die fünf Varianten eines Logos und jeweils eine Beispielmarke.

1.

2.

3.

4.

5.

5 Logos gestalten

Formulieren Sie fünf zentrale Anforderungen an die Logogestaltung.

1.

2.

3.

4.

5.

6 Sound für das Corporate Design nutzen

a. Definieren Sie den Begriff „Sound-logo".

b. Erklären Sie, weshalb die Verwendung von Sound im Rahmen eines Corporate Designs sinnvoll ist.

7 Farbe für das Corporate Design einsetzen

Formulieren Sie drei Funktionen von Farbe im Rahmen eines Corporate Designs.

1.

2.

3.

8 Farbsysteme kennen

Nennen Sie für die folgenden Farbsysteme einen Anwendungszweck:

Hexadezimal:

CMYK:

RAL:

9 Schrift für ein Corporate Design auswählen

Nennen Sie drei Kriterien, die Sie bei der Auswahl einer Schrift für ein Corporate Design beachten müssen.

1.

2. _____

3. _____

a. Flyer für ein Seniorenheim

Bild D und Bild

Begründung:

---

10 Bilder auswählen

Wählen Sie aus den unten zu sehenden Bildern für die genannten Zwecke jeweils ein weiteres geeignetes und passendes Bild aus und begründen Sie Ihre Auswahl:

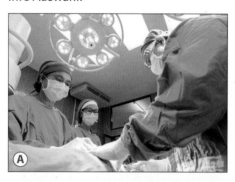

b. Werbung für ein Krankenhaus

Bild A und Bild

Begründung:

11 Styleguide beschreiben

Welche Funktion erfüllt ein Styleguide?

12 Corporate Design erkennen

Zählen Sie die Elemente des Corporate Designs von Milka auf, die auf dem Screenshot zu erkennen sind.

1.

2.

3.

4.

5.

5.1 Kaufmotive

5.1.1 Produkteigenschaften

Was liegt näher, als damit zu werben, was ein Produkt oder eine Dienstleistung ausmacht?

USP
Hat unser Produkt einen einzigartigen Produktvorteil (Unique Selling Proposition)? Produktmerkmale, die sich von Konkurrenzprodukten abheben, eignen sich besonders gut für die Werbung.

UAP
Gibt es etwas, das die Konkurrenz zwar auch kann, aber nicht besonders in den Vordergrund rückt? Ein einzigartiges Werbeversprechen (Unique Advertising Proposition) hebt einen speziellen Produktvorteil hervor und macht ein Produkt so unverwechselbar wie z. B. bei der Geberit-Werbung rechts.

Consumer Benefit
Was hat ein Kunde davon, das Produkt zu kaufen bzw. die Dienstleistung in Anspruch zu nehmen? Ein Consumer Benefit, also ein Nutzen, von dem die Zielgruppe profitiert, findet sich in fast jeder Werbung wieder, auch in den auf dieser Doppelseite abgebildeten Anzeigen. Bei der Toilette von Geberit braucht man kein Papier, die Glashütte-Uhr arbeitet selbsttätig, bei UBS gibt es praktische Funktionen, Mercedes-Benz bietet Vernetzung und mit Volkswagen wird der nächste Stau zur Erholung.

Reason why
„Warum soll ich das Produkt kaufen?" Auf diese Frage muss die Zielgruppe in der Werbung eine Antwort finden. Sind es Innovationen, ist es die Qualität oder vielleicht eine besondere Funktion, wie sie z. B. die Bank UBS in dem Spot auf der rechten Seite bewirbt?

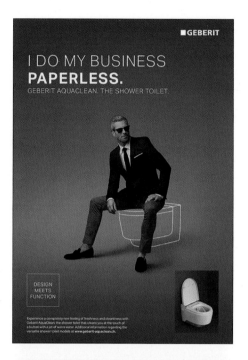

© Springer-Verlag GmbH Deutschland, ein Teil von Springer Nature 2019
P. Bühler et al., *Medienmarketing*, Bibliothek der Mediengestaltung,
https://doi.org/10.1007/978-3-662-55395-4_5

Andorra ⬤

Ausdorra ⬤

Ausdorra ⬤

Online-Zahlungen für einzelne Länder
sperren oder erlauben.

Mit den persönlichen Sicherheitseinstellungen.

UBS Digital Banking. Ganz praktisch.

 UBS

ubs.com/digital

Supporting Evidence

„Connected like you." Mercedes-Benz
bewirbt in der Anzeige unten mit dieser
Aussage seine neue A-Klasse. Es ist
ein Zusatznutzen, etwas, das sicherlich
nicht den Hauptgrund für den Kauf
eines Autos darstellt, aber vielleicht ist
es ja der entscheidende Motivations-
schub zum Kauf.

55

Visuelle
Kommunikation

5.1.2 Motiv- und Emotionssysteme

Beschäftigt man sich mit Werbewirkungsmodellen, wie AIDA, dann wird klar, dass gute Werbung mit einem Eyecatcher zwar anfängt, aber das eigentliche Ziel wird erst mit dem Kauf des Kunden erreicht. Eine wichtige Frage lautet also: „Wie überzeugt man einen Kunden, ein bestimmtes Produkt zu kaufen?"

Der Psychologe Dr. Hans-Georg Häusel unterscheidet beim Gehirn des Menschen zwischen drei grundlegenden Motiv- und Emotionssystemen:
- Das *Balance-System* hat Bedarf an Sicherheit und Stabilität.
- Das *Stimulanz-System* möchte entdecken, unterhalten und belohnt werden.
- Das *Dominanz-System* strebt nach Macht und Attraktivität.

Motiv- und Emotionssysteme entscheiden, welche Produkte und Marken in uns einen Kaufwunsch auslösen. Sie sehen unten in der Tabelle dargestellt, welche Kaufanreize die drei Motiv- und Emotionssysteme ansprechen und welche Schemen zur Kundenansprache genutzt werden können. Außerdem sind Beispiele für typische Einsatzgebiete in der Werbung aufgeführt.

Richtig gut funktioniert Werbung dann, wenn der Eyecatcher passend zum Produkt gewählt wurde, denn z. B. der Grundsatz „Sex sells" funktioniert nur dann wirklich gut, wenn „Sex" auch zum Produkt passt. Bei der auf der rechten Seite abgebildeten Werbung für das Bier „Astra" gehen die Meinungen

Motiv- und Emotionssysteme

nach Dr. Hans-Georg Häusel (Psychologe)

Motiv- und Emotionssysteme	Kaufanreize	Schema zur Kundenansprache	Beispiele für typische Einsatzgebiete
Balance	Sicherheit, Stabilität, Verlässlichkeit, Kontinuität, Geborgenheit, Geselligkeit, Gemeinschaft	Bindung	Mitgliedschaften, Kundenbindungsprogramme (z. B. Kundenkarten), Gruppenreisen
		Fürsorge	Kindernahrung, Pflegeprodukte, Tierprodukte, Ökoprodukte, Finanzprodukte, Versicherungen, Immobilien
Stimulanz	Entdeckung, Interesse, Abwechslung, Individualität, Unterhaltung, Belohnung, Fröhlichkeit	Appetit	Lebensmittel, Genussmittel (z. B. Schokolade, Kaffee und Alkohol)
		Spiel	Spielwaren, Lotto, Medienprodukte (z. B. Fernseher, Mobiltelefon), Aktionsangebote
Dominanz	Konkurrenz, Verdrängung, Aktivität, Macht, Durchsetzung, Status, Autonomie, Fortpflanzung, Attraktivität, Eroberung	Sexualität	Parfums, Kosmetik, Statussymbole (z. B. Schmuck), Mode
		Wettkampf	Sportprodukte, Statussymbole (z. B. Autos)

Bierwerbung
Provokative Werbung
für Astra-Bier

in dieser Frage weit auseinander. Ist es eine geglückte Marketingaktion, ein Durchschnittsbier zum Kultprodukt zu machen? Oder ist es einfach nur unpassende, teils sexistische Werbung für ein Produkt, das man deswegen boykottieren sollte?

Analysieren wir die beiden dargestellten Astra-Werbemotive einmal ganz sachlich. In beiden Fällen finden Sie eine unterhaltsame Text-Bild-Kombination und die Darstellung von nackter Haut in einem Foto, das sich jeweils über die ganze Fläche erstreckt. Außerdem zeigt die linke Werbung ein geselliges Zusammentreffen dreier Personen beim scheinbar gemütlichen Biertrinken. Beide zeigen im unteren Teil das beworbene Produkt und den Slogan „Astra. Was dagegen?".

Bier ist ein Genussmittel, also ein Produkt, das nach der links dargestellten Tabelle vorwiegend über das System *Stimulanz* beworben werden sollte, da man es aus dem Motiv *Belohnung* konsumiert. Ebenso spielt bei Bier üblicherweise das System *Balance* eine Rolle, nämlich dann, wenn Bier in geselliger Runde getrunken wird.

Die unterhaltenden, zweideutigen Texte passen durchaus zum Genussmittel Bier. Die drei Bier trinkenden Personen in der linken Werbung thematisieren zusätzlich den Kaufanreiz der *Geselligkeit*. Ob beim Betrachten des rechten Werbemotivs allerdings der Bierwunsch tatsächlich geweckt wird, bleibt fragwürdig, da die Bild- und Textsprache vorwiegend das Schema *Sexualität* thematisiert.

Auf die einzelnen Motiv- und Emotionssysteme wird in den folgenden Abschnitten anhand von Beispielen nun näher eingegangen.

Balance

Für den Nachwuchs ist das Beste gerade gut genug, doch was ist das Beste? Die Anzeige von Alete gibt die Antwort: „Du entdeckst das Essen der Großen & ich achte genau auf deine Ernährungsbedürfnisse". Wenn also die Mutter Alete kauft, tut sie ihrem Kind etwas Gutes. Besonders interessant an dieser Formulierung ist, dass betont wird, dass es die Mutter ist, die durch den Kauf genau auf die Ernährungsbedürfnisse ihres Kindes achtet. Dadurch werden

besonders gut die Mutter-Kind-Bindung und der Fürsorge-Aspekt thematisiert. Der Slogan „Du & ich & Alete" erzeugt außerdem ein Gemeinschaftsgefühl mit dem Hersteller. Passend ausgewählt wurde als Bildmotiv eine glückliche Mutter mit ihrem Kind sowie eine Auswahl von Produkten und frisches Gemüse im Vordergrund.

Sieht er nicht vertrauensvoll aus, der Mann, in der Anzeige unten, mit seinem Ritterschild, der uns vor allem Unheil rund ums Auto bewahrt? Nicht immer wird der Aspekt Sicherheit so anschaulich thematisiert wie in der Anzeige der Versicherung HUK-Coburg, aber warum nicht. Bei Banken und Versicherungen sind Aspekte wie Vertrauen, Sicherheit und Verlässlichkeit entscheidende Faktoren für uns Kunden. Stichworte wie „beste Autoversicherung", „Top Marke 2012" oder der Slogan „Aus Tradition günstig" unterstreichen die Botschaft der Anzeige zusätzlich.

Motiv- und Emotionssystem „Balance"

Anzeigen von Alete und HUK-Coburg

Stimulanz

„Private Insel im Wert von 3 Millionen €
zu gewinnen" ist in der NKL-Anzeige unten zu lesen, klingt verlockend, endlich
raus aus dem tristen Alltag und Neues
entdecken. Wer möchte das nicht? Wer
keine Insel möchte, für den gibt es noch
„über 400 Millionen-Gewinne, Traum-
reisen, Autos und Häuser", es ist also
für jeden etwas dabei. Glücksspiele
sprechen, wie alle Spiele, das Emotionssystem *Stimulanz* an. Als Kaufanreize
dienen „Abwechslung", „Unterhaltung"
und „Belohnung". Die grün gekleidete
Frau scheint mit ihrem Bogen und den
Spielzeugpfeilen zeigen zu wollen, wie
spielend einfach es ist, zu gewinnen.
Der Firmenslogan „Wir machen Millio-
näre" wirkt wie ein Markenversprechen,
dazu noch die grüne Farbe für Hoffnung
und Zuversicht, da hat man ja eigentlich
schon fast gewonnen.

Die rechte Anzeige von Maggi spricht
einen anderen Bereich des Stimulanz-
Systems an, den des Appetits. Die
Anzeige wird überschrieben mit „Frisch
getrocknet. Frisch gekocht", dazu noch
der Name der Produktlinie „fix & frisch".
Als Eyecatcher für die Anzeige fungiert
eine perfekt reife Tomate im Vordergrund, platziert auf einem rustikalen
Holzbrett. Frisches Essen ist besonders
attraktiv, da es als sehr gesund eingestuft wird. Maggi möchte dem Verbrau-
cher mit der Anzeige vermitteln, dass
er, wenn er dieses Fertigprodukt beim
Kochen verwendet, quasi ein „frisches"
Essen zubereitet. Die rote Farbe wirkt
zusätzlich aktivierend.

**Motiv- und Emotions-
system „Stimulanz"**

Anzeigen von NKL
und Maggi

Dominanz

Die Textzeile „Höhenflüge ganz dicht am Boden", viel Schwarz, Akzente in roter Farbe und ein Auto in Bewegung, das gerade dynamisch eine Kurve fährt. Die Anzeige für den *Mini John Cooper Works* spricht klar das Motiv- und Emotionssystem der *Dominanz* an. Das passend gewählte Motiv auf der Rennstrecke weckt den Wunsch, auch zu gewinnen.

Sportlich nimmt es auch die unten abgebildete Anzeige von Head mit dem Text „Wer blinzelt, verliert". Der Blick von Novak Djokovic (serbischer Profi-Tennisspieler) macht klar, dass er – passend zum Text – nicht vorhat zu blinzeln. Wer genauso erfolgreich sein will wie er und sportliche Höchstleistungen erreichen möchte, der braucht die passende Ausrüstung.

Axe (Abbildung rechte Seite oben) bewirbt das dargestellte Produkt über Sexualität, sowohl im Text „Reizt Frauen, nicht die Haut!" wie auch im Bild, mit dem kleinen Mann, der sich zwischen den Beinen der Frau „im Anflug" befindet. Kaufanreize wie Attraktivität, Eroberung, Aktivität und Verdrängung von Konkurrenten spielen hier eine zentrale Rolle.

Auch die Anzeige von Dolce & Gabbana auf der rechte Seite benutzt das Schema der Sexualität, jedoch weniger plump als die Anzeige von Axe. Passend zur Zielgruppe „Frau" wird die Attraktivität, die durch die Tasche ausgelöst bzw. gefördert wird, durch

viele Männer gezeigt, die mit der Frau zu flirten scheinen. Die Frau wiederum

wirkt selbstbewusst und stark, sie weiß mit ihrer Attraktivität umzugehen. Die Tasche von Dolce & Gabbana kann als Statussymbol eingestuft werden, das den Kaufanreiz bietet, sich gegenüber anderen Frauen darstellen zu können und neidische Blicke zu ernten.

Die Anzeige von Stihl, unten links, bietet wiederum ähnliche Kaufanreize wie die Anzeige von Mini. Foto und Text stellen klar, wer die Wildnis im Garten besiegen will, der braucht eine qualitativ hochwertige Heckenschere für Freude an der Gartenarbeit.

Motiv- und Emotionssystem „Dominanz"

Anzeigen von Axe, Stihl und Dolce & Gabbana

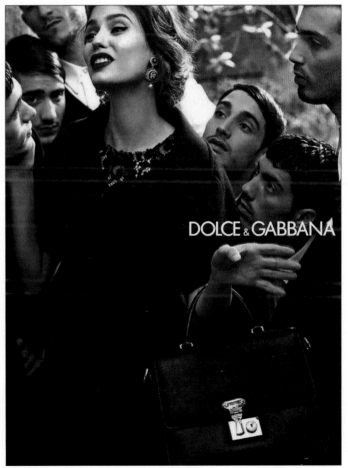

5.1.3 Archetypen

Archetypen sind Verhaltensvorbilder, die in jedem von uns mehr oder weniger tief verwurzelt sind. Diese idealisierten Fantasiefiguren eignen sich besonders gut für den Einsatz in der Werbung, da jeder von ihnen bestimmte Werte verkörpert.

Unternehmen nutzen Archetypen in der Werbung, um eine emotionale Beziehung zu ihren Kunden aufzubauen und beim Storytelling spielerisch und strukturiert an eine Geschichte heranzuführen.

Der Schweizer Psychiater Carl Gustav Jung (1875–1961) bezeichnete Archetypen als universell vorhandene Strukturen in der Seele aller Menschen, unabhängig von ihrer Geschichte und Kultur. Je nach Theorie werden leicht unterschiedliche Archetypen eingesetzt.

Die hier thematisierte Einteilung in Archetypen orientiert sich an der Einteilung von Carol S. Pearson, die als Weiterentwicklung der Archetypen

Archetypen eingeteilt in vier Bereiche

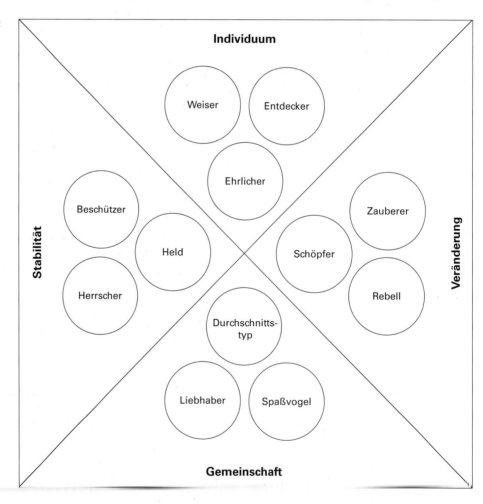

von C. G. Jung mit den folgenden zwölf Archetypen arbeitet:

Beschützer

Der Beschützer ist fürsorglich und einfühlsam, er pflegt, hilft, unterstützt und kümmert sich, wenn es jemandem schlecht geht. Er ist der starke Freund an deiner Seite.

Typische Marken zu diesem Archetyp sind Banken, Versicherungen, wie die Allianz, Abschleppdienste, wie der ADAC, und Pflegeprodukte, wie bebe oder Dove.

Herrscher

Ein Herrscher möchte Macht über andere besitzen. Über sein Streben nach Kontrolle möchte er Stabilität und Harmonie herbeiführen.

Er duldet keine Konkurrenz und ist ein Fels in der Brandung. Marken, die zu diesem Archetyp zählen, sind

eine Lösung, er kennt immer einen Weg, um gegen den Feind anzukommen, furchtlos kämpft er für sein Ziel.

Marken, die diesem Archetyp zugeordnet werden können, sind Autohersteller, wie Porsche, und Sportartikelhersteller, wie Nike.

Schöpfer

Er ist ein Erfinder, Baumeister und Künstler, er kann Ideen Wirklichkeit werden lassen und hat Spaß daran Neues zu wagen und Dinge zu gestalten.

Marken, die zu diesem Archetyp passen sind Marken, die mit Handarbeit zusammen hängen, Baumärkte oder Hersteller von Spielwaren.

Zauberer

Der Zauberer ist mächtiger als der Schöpfer, er kann auch Dinge realisieren, die unmöglich erscheinen. Träume werden bei ihm Wirklichkeit, er setzt Visionen in Realität um.

Marken, die diesen Archetyp repräsentieren, sind z. B. der Autohersteller Tesla oder das Internetdienstleistungsunternehmen Google, da beide Unternehmen stark von visionärem Denken geprägt sind.

meist Platzhirsche in der Branche, wie Mercedes-Benz mit dem passenden Slogan: „Das Beste oder nichts".

Held

Helden sind Gewinnertypen, ihnen geht es um den Sieg. Ein Held weiß immer

Archetyp des
Entdeckers

Entdecker

Für den Entdecker gibt es kein Halten mehr, er muss hinaus in die Wildnis, er muss ferne Länder bereisen und im Winter bei Minusgraden zelten gehen.

Der Entdecker scheut Bindungen und er liebt die Freiheit. Marken, die diesen Archetyp repräsentieren, sind

Rebell

Er bricht mit Konventionen und ignoriert Regeln und Traditionen. Der Rebell ist frech und agiert teils auch schockierend, er ist anders als die anderen.

Repräsentanten dieses Archetyps sind Marken, wie z. B. Astra (Bier), 5,0 Original (Bier) und der Autohersteller Tesla. Auch Apple agierte in den Anfängen als Rebell, u. a. in der vergleichenden Kampagne gegen Microsoft. Fritz-Kola gehört als kleine, freche Marke auch zu diesem Archetyp.

Archetyp des
Rebells

Volvo hat sich für sein neues SUV-Modell XC 40 etwas Besonderes ausgedacht. Der Graffiti-Künstler René Turrek lackiert in dem Spot einen Volvo zur Hälfte mit einem Lack, der auf Alltagsgeräusche und Musik reagiert und das Auto über elektromagnetische Impulse rhythmisch zum Leuchten bringt.

Weiser

Der Weise strebt nach Bildung, er möchte die Welt verstehen und hat durch seine Intelligenz und sein Wissen auf jede Frage eine Antwort. Marken dieses Archetyps sind Bildungseinrichtungen, wie Universitäten und Hochschulen, oder Forschungseinrichtungen, wie die Fraunhofer-Gesellschaft.

Reiseunternehmen, Fluggesellschaften und die Hersteller von Sportgeräten oder Outdoor-Mode. Die Outdoor-Marke Schöffel unterstreicht ihre Mission mit dem Slogan: „Ich bin raus."

Ehrlicher

Der Archetyp des Ehrlichen ist optimistisch, neugierig und spontan, er möchte glücklich sein. Der Ehrliche ist unschuldig und liebt die Harmonie. Typische Marken, die zu diesem Archetypen zählen, sind Bio-Marken, wie Alnatura, oder auch andere Hersteller von Naturprodukten.

Durchschnittstyp

Er ist ein Normalo, der unauffällige Nachbar von nebenan. Er will in Ruhe gelassen werden und fügt sich den Gegebenheiten. Er liebt die Bodenständigkeit und ist loyal. Marken, die

zu diesem Archetyp zählen, sind Aldi, Fielmann und IKEA.

Liebhaber

Der Archetyp des Liebhabers steht für Leidenschaft und Verführung. Er verwöhnt andere und vermittelt das Gefühl, begehrt zu werden und einzigartig zu sein. Marken, die den Archetyp des Liebhabers verkörpern, sind Parfumhersteller, wie Chanel, Dior oder Tabac.

Spaßvogel

Dieser Archetyp will spielen, er ist auf der Suche nach Spaß, Witz und Unterhaltung.

Der Spaßvogel ist ein Narr, er genießt den Augenblick. Typische Marken, die zu diesem Archetyp zählen, sind Unternehmen wie Media Markt, Saturn, Sixt und Disney.

5.1.4 Storytelling

Menschen lieben Geschichten. Großer
Vorteil des Storytellings ist, dass eine
Geschichte eine hohe Merkfähigkeit besitzt. Für das werbende Unternehmen
ist es wichtig, dass der Markenbezug
nicht verloren geht, was leider bei Werbespots immer wieder vorkommt.

Zu den möglichen Inhalten hat der
britische Journalist Christopher Booker
einmal die These aufgestellt, dass es
eigentlich nur sieben Erzählmuster gibt,
auf denen alle Geschichten basieren.

Diese sieben Erzählmuster (Basic
Plots) sind:

- Das Monster überwinden
- Vom Tellerwäscher zum Millionär
- Die Suche
- Reise und Rückkehr
- Komödie
- Tragödie
- Wiedergeburt

Der rechts abgebildete Spot von IKEA
erzählt eine tragische Geschichte. Ein
Paar ist völlig zerstritten und sitzt einem
Therapeuten gegenüber. Die beiden
haben sich wegen einem unterschied-
liches Verständnis von Ordnung in die
Haare gekriegt.

Er hat ihren Schmuck mit dem
Staubsauger aufgesaugt, ihre Kleidung verkauft und verbrannt und ihre
Schuhe nach China verschickt. Sie hat
mit seinen Modellautos Golf gespielt
und seine Sachen mit dem Bagger platt
gemacht.

Die Lösung lautet IKEA, der Paarthe-
rapeut präsentiert den beiden den
IKEA-Katalog und kurz darauf sitzen die
beiden glücklich in ihrem ordentlich auf-
geräumten Wohnzimmer, umgeben von
IKEA-Möbeln.

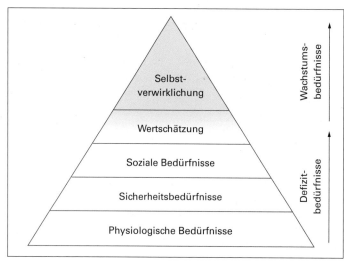

Maslowsche Bedürfnispyramide

5.1.5 Maslowsche Bedürfnispyramide

Da es bei der zielgruppengerechten Vermarktung von Produkten darum geht, Bedürfnisse bei der Zielgruppe zu befriedigen, kann es nicht schaden, sich die Grundbedürfnisse von Menschen näher anzuschauen.

Der US-amerikanische Psychologe Abraham Maslow (1908–1970) hat sich hierzu intensiv Gedanken gemacht und eine Bedürfnispyramide erstellt, ein hierarchisches Konzept menschlicher Bedürfnisse. Maslow unterscheidet zwischen Defizitbedürfnissen und Wachstumsbedürfnissen. Defizitbedürfnisse sichern das Überleben. Nur wenn diese Bedürfnisse befriedigt werden, ist eine dauerhafte psychische und körperliche Gesundheit gewährleistet und der Mensch ist „zufrieden". Wachstumsbedürfnisse hingegen können nie vollständig erreicht werden, aber auch die teilweise Befriedigung dieser Bedürfnisse macht glücklich. Hier eine kurze Beschreibung der einzelnen Stufen der Bedürfnispyramide:

- *Physiologische Bedürfnisse*: Diese Bedürfnisse werden auch „Grundbedürfnisse" genannt. Gemeint sind Essen, Trinken und Schlafen, fehlt etwas davon, ist der Mensch nicht überlebensfähig.
- *Sicherheitsbedürfnisse*: Hierzu zählen Gesundheit, eine Wohnung und eine ausreichende finanzielle Absicherung durch z. B. Arbeit.
- *Soziale Bedürfnisse*: Freundschaft, Liebe, Zuwendung und/oder eine Gruppenzugehörigkeit vermitteln eine soziale Sicherheit.
- *Wertschätzung*: Für die psychische Unversehrtheit einer Person ist es wichtig, ein gewisses Maß an Anerkennung und Wertschätzung zu erfahren, ein Mehr ist nie schlecht, daher beginnt hier der Bereich der *Wachstumsbedürfnisse*.
- *Selbstverwirklichung*: Nicht jedem von uns ist es möglich, „sich selbst zu verwirklichen", in jedem Fall ist ein höherer Grad an Selbstverwirklichung sicherlich stets für alle Menschen vorstellbar.

Das Marketing macht sich das Wissen um unsere Bedürfnisse zu Nutze, indem es in der Werbung gezielt diese Bedürfnisse anspricht, hier einige Beispiele:

- „Kauf das Parfum, dann hast du Erfolg bei Frauen/Männern."
- „Schließe eine Berufsunfähigkeitsversicherung ab, dann treffen dich die Folgen einer Arbeitslosigkeit nicht so hart."
- „Sei nicht länger Single, nutze unser Online-Datingportal."
- „Der neue Sportwagen verbessert dein Image und erfüllt dir außerdem einen lang ersehnten Traum."
- „Urlaub auf einem Kreuzfahrtschiff in der Südsee, das wolltest du doch immer schon einmal machen."

5.1.6 Humor als Sympathieträger

Werbung ist ein nahezu unabänderlicher Bestandteil unseres täglichen Lebens. Vom morgendlichen Lesen der Nachrichten-App über den Weg zum Arbeitsplatz, zum Teil bei der Arbeit selbst und beim abendlichen Spielfilm wird man durch eine Vielzahl von Werbeträgern mit unterschiedlicher Werbung konfrontiert.

Um in dieser Masse an Werbung aufzufallen, nutzen einige Unternehmen Humor. Witze leben davon, dass sie verstanden werden – eine alte Weisheit. Ein unvollständiger oder falsch erzählter Witz hinterlässt einen eigenartigen Eindruck. Humorvolle und witzige Werbebotschaften können das Verständnis für ein Produkt erhöhen oder auch beeinträchtigen – Letzteres passiert, wenn die angesprochene Zielgruppe und deren Humorverständnis nicht getroffen wurde. Dies führt dann zu einem tendenziell negativen Urteil über das beworbene Produkt.

Man ist sich in der Beurteilung humorvoller Werbung weitgehend einig, dass die Beliebtheit und die Akzeptanz von Produkten durch humorvoll gestaltete Werbung gesteigert werden kann. Nach einer Studie der Freien Universität Berlin (Martin Eisend: Wenn Witze werben, 2006) mögen die Konsumenten die Marke umso mehr, je intensiver der Humor ist. Dies verstärkt auch die Erinnerung an die Werbung.

Humorvolle Werbung steigert zwar die Sympathie für eine Marke oder ein Produkt, doch besteht die begründete Gefahr, dass kreative Werbung ablenkt. Je kreativer und humorvoller die Werbung, desto größer kann die Distanz zum Produkt werden.

Ist der Witz in der Werbung zu wirkungsvoll, kommt das Produkt zu kurz.

Man spricht dann vom sogenannten Vampireffekt – der Witz ist dominanter als der Werbespot und saugt den Bezug zum beworbenen Produkt weg.

Eine weitere Gefahr bei humorvoller Werbung ist, dass bei mehrfacher Betrachtung der gleichen Werbung der Witz verloren geht und die Werbung und damit indirekt auch die Marke bzw. das Produkt einen negativen Eindruck beim Betrachter hinterlässt.

Das Beispiel unten von Aldi entspringt der Kampagne „Einfach ist mehr" und erfreut den Betrachter durch das fröhliche Kind, das mit dem Essen spielt. Der Aussage „Einfach, weil es keine rechtsdrehende Pasta aus dem Himalaya gibt, sondern Spaghetti." werden die meisten Menschen zustimmen können, der Text transportiert auf ironische Art und Weise die Kernwerte der Marke Aldi.

Das Plakat der Verkehrsbetriebe Zürich auf der nächsten Seite oben zeigt eine Fotomontage von einem verkürzten Linienbus. Hier sorgt das

Anzeige mit Humor
Humorvolle Text-Bild-Kombination von Aldi

Einfach, weil es keine rechtsdrehende Pasta aus dem Himalaya gibt, sondern Spaghetti.

einfach-ist-mehr.de

Zum Glück sind unsere Elektromobile nicht nur für 4 Personen gebaut.

2 Samen-spender aus gutem Hause.

Chia #samensaft von true fruits.

besondere Bild für den Eyecatcher. Der Text spielt auf die wachsende Anzahl von Elektroautos an, die in der Bevölkerung üblicherweise als ökologisch angesehen werden, und soll dem Leser mitteilen, dass Busfahren noch viel ökologischer ist.

„Sag es mit Deinem Projekt." Hornbach nutzt schon seit einigen Jahren humorvolle Motive für Anzeigen und Plakate. Der Baumarkt möchte dazu motivieren, wieder einmal ein „Projekt" anzufangen an dessen Beginn der Besuch bei Hornbach steht.

True Fruits fiel 2016 durch eine Kampagne auf, bei der es sogar zu Verboten durch die Stadt München kam, so mussten dort das links abgebildete Motiv und Motive mit den Texten „Bei Samenstau schütteln" und „Oralverzehr – schneller kommst du nicht zum Samengenuss" abgehängt bzw. zensiert werden.

5.2.1 Absatzwerbung

Absatzwerbung ist produktbezogene Werbung. Unter diesem Begriff werden also alle Werbemaßnahmen zusammengefasst, die sich mit konkreten Produkten befassen. Wenn mymuesli eine neue Müslimischung bewirbt, dann ist dies Absatzwerbung.

Besondere Formen der Absatzwerbung sind der Imagetransfer über Testimonialwerbung (z. B. Prominente) oder der persönliche Verkauf, wie er bei Verkaufsveranstaltungen, z. B. der Marke Tupperware, stattfindet.

5.2.2 Public Relations

Der Begriff Public Relations (Öffentlichkeitsarbeit) beinhaltet alle Maßnahmen zur Pflege der Beziehung zur Öffentlichkeit. PR bezeichnet die Gestaltung der öffentlichen Kommunikation von Organisationen, Unternehmen, Behörden, Ideen oder Einzelpersonen.

Sei es *Pressearbeit*, die Ausstellung auf einer *Messe*, eine von einem Unternehmen veranstaltete *Spendengala* oder auch ein *Tag der offenen Tür*, es gibt viele Möglichkeiten, wie ein Unternehmen das Image in der Öffentlichkeit aufpolieren kann. Eine weitere bekannte Form von PR ist das *Sponsoring*.

Sponsoring
Wenn ein Unternehmen dem kleinen Fußballverein im Ort neue Mannschaftstrikots schenkt und auf dem Rücken der Sponsor sein Logo anbringt, dann ist dies zwar *Werbung,* aber meist eher eine PR-Maßnahme als eine Maßnahme, die eine umsatzsteigernde Wirkung entfaltet bzw. entfalten soll.

Eine Bandenwerbung in der Allianz-Arena hingegen ist sicherlich kein Sponsoring, sondern eher eine Maß-

Absatzwerbung

Ziel: Mehr Produkte verkaufen!

Public Relations

Ziel: Unternehmensimage verbessern!

Verkaufsförderung

Ziel: Umsatz des Unternehmens steigern!

Zielsetzung von Werbung

nahme der Verkaufsförderung oder der Absatzwerbung.

5.2.3 Verkaufsförderung

Maßnahmen der Verkaufsförderung sind – wie der Name schon sagt – Maßnahmen, die eher indirekt ihre Wirkung entfalten. Hier einige Beispiele für verkaufsfördernde Werbung:

Co-Branding
Gemeinsam zum Erfolg, Marken mit Synergieeffekten, wie z. B. Audi und Bang & Olufsen, kooperieren in der Werbung.

Co-Branding

Event-Marketing

Vom Unternehmen initiierte Veranstaltungen bewerben die Marke. Bekanntestes Beispiel dafür ist sicher Red Bull.

Influencer

„Normale" Personen, die eine starke Präsenz und ein hohes Ansehen in sozialen Netzwerken genießen, thematisieren ein Unternehmen und seine Produkte.

Gewinnspiel/Wettbewerb

Ein Gewinnspiel bzw. ein Wettbewerb involviert den Kunden und baut eine Beziehung mit ihm auf.

Das Unternehmen schafft es so, den Kunden dazu zu bringen, selbst aktiv zu werden und sich mit dem Unternehmen und seinen Produkten auseinanderzusetzen.

Namensgebung

Fußball wird heute in der Allianz-Arena, der SAP-Arena oder in der Mercedes-Benz-Arena gespielt. Bei der Formel 1 kämpfen Mercedes und Ferrari gegen Red Bull.

Klarer Vorteil der Namensgebung, gerade bei Stadien oder Sportteams, ist die Werbung durch Namensnennung in den Medien.

5.3   Werbemedien

Es gibt zahlreiche Werbemedien, die
für Marketingmaßnahmen in Frage
kommen. Diese Werbemedien lassen
sich in die folgenden sieben Gruppen
einteilen:

- Anzeigen und Plakate
- Audiovisuelle Werbung
- Direktmarketing
- Flyer und Broschüren
- Verpackungen
- Werbeartikel
- Werbetechnik

5.3.1   Anzeigen und Plakate

Plakate oder Anzeigen buhlen um
Aufmerksamkeit. Meist sind sie eher
unerwünscht und müssen daher be-
sonders gründlich durchdacht werden.
Oben sehen Sie eine Printanzeige von
McDonald's, darunter drei Anzeigen,
die auf Websites geschaltet wurden.
Gerade das Internet bietet gute Mög-
lichkeiten für die zielgruppengenaue
Schaltung einer Anzeige.

Mögliche Stellen, an denen ein Plakat oder eine Anzeige platziert werden
kann, sind z. B.:

- Zeitung, Zeitschrift
- Nachschlagewerke (z. B. Telefonbuch)
- Website (animiert oder statisch)
- Plakat (Innen-/Außenbereich)
- Suchmaschine (Anzeige oder gespon-
serte Treffer)

Anzeigen und Plakate befinden sich im
Idealfall am POI (Point of Interest), also

Werbespots

- Links ein Spot für Volkswagen
- Rechts ein Spot für die Marke Axe

an einen Ort, an dem sich Interessenten über Produkte oder Themen informieren. Bei der Gestaltung ist es von großer Bedeutung, wo das Plakat oder die Anzeige Verwendung findet. Ein Plakat an der Bushaltestelle oder am Bahnübergang kann z. B. mehr Informationen enthalten als ein Plakat an der Bundesstraße.

5.3.2 Audiovisuelle Werbung

Geräusche können, vor allem in Verbindung mit bewegten Bildern, Produkte erlebbar machen. Produkte können in ihrer Verwendung gezeigt werden und Geschichten können erzählt werden, wie in den beiden Spots auf der linken Seite.

In der linken Spalte ist ein Spot anlässlich 70 Jahre Volkswagen Schweiz abgebildet. Eine Frau möchte sich ein Tattoo stechen lassen. Die Tätowiererin bekommt, während sie am Arbeiten ist, die Nachricht: „Es hat nur noch drei!" Sogleich arbeitet sie schneller, wandelt das Motiv ab und rennt zur Türe raus. Die Kundin mustert etwas irritiert das Ergebnis. Eine Sprecherstimme sagt: „Nur die schnellsten profitieren, jetzt jeden Monat 70 Volkswagen zum phantastischen Jubiläumspreis."

Der Spot in der rechten Spalte thematisiert das neue Produkt „AXE Leder + Cookies". Der junge Mann schaut sich das Produkt an und sagt: „What? Also wenn das gut riecht, dann renne ich nackt über die Autobahn." Antwort aus dem Off: „Okay". Im nächsten Moment steht er auf der Autobahn. Zum Abschluss wird noch die Wirkung auf Frauen demonstriert, sie, während sie ihre Jacke auszieht: „Mmh, Leder und Cookies?" Er: „Ganz genau."

Einsatzmöglichkeiten von Werbung mit Video (und Audio) sind:

- Fernsehen
- Kino
- Streamingdienste bzw. Videoplattformen, wie z. B. YouTube (vor dem Streamen oder zwischendurch)
- Live-Streaming-Plattformen, wie z. B. Twitch
- Als Banner/Anzeige auf einer Website
- Soziale Netzwerke, wie z. B. Facebook

Reine Audiowerbung kann im Radio geschaltet werden, beim Streaming von Musik oder Podcasts vorgeschaltet oder zwischendurch eingespielt werden.

5.3.3 Direktmarketing

Während die meisten Werbemedien sich eher unspezifisch an eine mögliche Zielgruppe richten, kann beim Direktmarketing das Werbemedium passgenau auf den potenziellen Kunden zugeschnitten werden. Eine solche Personalisierung ist gedruckt als Direktmailing (Werbebrief) und digital als Newsletter (E-Mail) gleichermaßen

Newsletter

möglich. Während der Newsletter den Adressaten über die E-Mail-Adresse erreicht, wird das Direktmailing persönlich adressiert per Post zugestellt.

Über Adressdatenbanken und digitale Druckverfahren ist es heute ohne großen Aufwand und ohne große Mehrkosten möglich, auch personalisierte Werbedrucksachen herzustellen. Hat das Direktmailing sein Ziel erreicht und wurde in den Briefkasten des Empfängers eingeworfen, dann gilt es nun,

die Herausforderung zu meistern, nicht direkt und ungeöffnet in den Papiermüll geworfen zu werden. Ein Umschlag mit dem Namen und der Adresse des Empfängers, eine echte Briefmarke oder die Imitation einer Briefmarke und die Vermeidung von Werbebotschaften auf dem Umschlag versuchen das Direktmailing geschickt zu tarnen, um wie ein Geschäftsbrief zu wirken. Hat das Direktmailing diese Aufgabe bewältigt und der Umschlag wurde vom Empfänger geöffnet, geht die Herausforderung weiter. Der Betrachter muss nun das Gefühl bekommen, dass der Brief wichtige Informationen enthält, die sich zu lesen lohnen. Analysieren wir nun dazu beispielhaft das abgebildete Direktmailing von Jako-o.

- Damit der Brief seriös wirkt, muss auf den ersten Blick der Absender des Briefes **A** erkennbar sein.
- Ein Betreff **B** informiert über den Inhalt des Briefes.
- Der Brief beginnt mit einer persönlichen Ansprache **C**, entweder förmlich oder – wie hier – gerne auch noch persönlicher, wie z. B. „Liebe Frau Müller".
- Die Abschnitte sind bewusst kurz gehalten **D**, der Text muss leicht zu lesen sein und ohne Fachwörter auskommen. Persönliche Ansprache sollte dominieren („Sie ..."), die Vorteile für den Leser müssen klar werden.
- Wichtige Informationen **E** werden durch Fettdruck oder Unterstreichung hervorgehoben.
- Eine möglichst realistisch wirkende Unterschrift **F** einer verantwortlichen Person mit Bezeichnung der Zuständigkeit bildet den Schluss des Direktmailings.

Direktmailing

Werbebrief von Jako-o

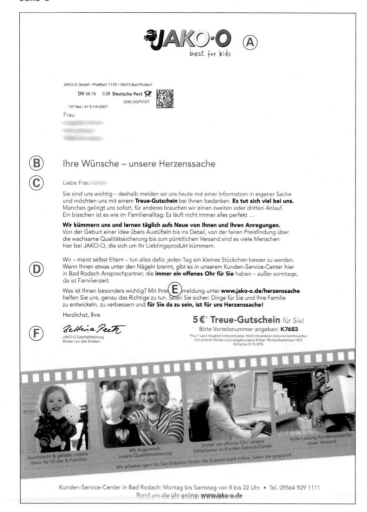

5.3.4 Flyer und Broschüren

Flyer und Broschüren haben einen ähnlichen Zweck, sie vermitteln eine mehr oder weniger große Menge an Informationen und kommen meist dann zum Einsatz, wenn Interesse an dem Unternehmen bzw. seinen Produkten oder Dienstleistungen besteht.

Flyer

Mit dem Begriff Flyer werden kleinformatige Werbedrucksachen bezeichnet, die keine Bindung oder Heftung aufweisen. Ob Handzettel oder kompliziert gefalzter Flyer, es gibt viele Möglichkeiten. Flyer können problemlos an verschiedenen Orten ausgelegt bzw. verteilt werden, sie können leicht transportiert werden und passen meist sogar in die Hosentasche. Flyer werden vor allem für folgende Zwecke eingesetzt:

- Information über Veranstaltungen, Feste, Partys
- Werbung für Aktionen
- Werbliche Informationen über Unternehmen und Produkte
- Technische, sachliche Informationen über Produkte (z. B. Datenblatt oder Beipackzettel)
- Listen (z. B. mit Preisen oder Artikelnummern)
- Pläne von Regionen, Geländen oder Gebäuden

Broschüren

Mit dem Begriff Broschüre werden mehrseitige Drucksachen bezeichnet, die keinen festen Einband haben. Broschüren können klebegebunden oder geheftet sein. Broschüren wirken hochwertig, Beispiele für Verwendungszwecke sind:

- Produktinformationen
- Unternehmensdarstellungen
- Veranstaltungsverzeichnisse

5.3.5 Verpackungen

Die Verpackung steht direkt am POS (Point of Sale), sie hat dort eine Reihe von Aufgaben:

- Die Verpackung muss die Marke und das Unternehmen repräsentieren.
- Sie muss Auskunft über den Inhalt und die Beschaffenheit der Ware geben. Hierbei sind auch gesetzliche Vorgaben zu beachten.
- Durch Gestaltung, Größe, Form und Material muss die Verpackung dem Kunden auffallen.
- Die Markenzuordnung muss in jeder Lage – im Idealfall selbst von unten – möglich sein. Es könnte ja sein, dass die Verpackung einmal verkehrt herum im Einkaufswagen landet.
- Die Verpackung muss die Ware sicher und sauber verwahren (auch auf dem Transportweg).

Unten auf dieser Doppelseite finden Sie eine kleine Auswahl aus dem Supermarktregal.

5.3.6 Werbeartikel

Give-aways (Werbegeschenke), wie Kaffeetassen, Kugelschreiber, Kalender, Feuerzeuge, USB-Sticks, Regenschirme oder Taschen, kosten wenig und werden meist von der Zielgruppe gut angenommen. Werbeartikel werden dann meist im Alltag verwendet und erinnern dadurch immer wieder an das Unternehmen und seine Produkte.

5.3.7 Werbetechnik

Unter dem Begriff „Werbetechnik" werden Werbemedien zusammengefasst, für deren Gestaltung und Produktion besondere technische Kenntnisse erforderlich sind und die über den „normalen" Druck auf Papier hinausgehen.

Oft handelt es sich dabei um Werbeprodukte für den Außenbereich. Hier einige Beispiele:

- *Fahrzeugbeschriftung*: Pkws, Lieferwagen, Omnibusse, Straßenbahnen,

Werbetechnik
Schaufensterbeklebungen, Fahrzeugbeschriftung und Bannerwerbung

Züge oder Lkws eignen sich sehr gut als Werbeträger. Es kann das ganze Fahrzeug foliert oder auch nur ein kleiner Aufkleber angebracht werden.

- *Banner und Roll-ups*: Große Formate (Large-Format-Printing) setzen Marken auffällig in Szene, z. B. als Baureklame, Bandenwerbung im Stadion, Werbeaufsteller im Supermarkt oder Baumarkt oder als Werbung auf dem Messestand.
- *Beschilderung*: Auch über Fassadenbeschriftung, Schaufensterbeklebung, Lichtreklame, Leitsysteme oder Wegschilder kann ein Unternehmen Werbung für sich machen.

5.4 Mediaplanung

5.4.1 Werbeerinnerung

Welchen Effekt hat eine Werbemaßnahme? Reicht eine Anzeige in der Zeitung

Werbeerinnerung bei einem Mediakontakt im Zeitverlauf

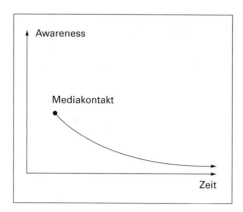

Werbeerinnerung bei mehreren Mediakontakten im Zeitverlauf

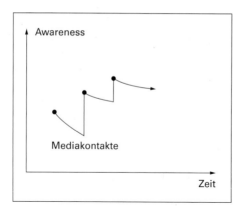

Grenznutzen bei der Werbeerinnerung

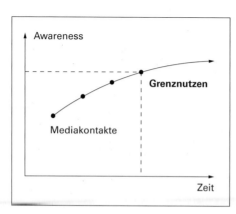

oder braucht es einen Fernsehspot, um den gewünschten Effekt zu erzielen?

Die Grafiken in der linken Spalte zeigen die Werbeerinnerung (Awareness) im Zeitverlauf. Ein einziger Medienkontakt (oberste Grafik), also z. B. das Anschauen eines Werbespots im Fernsehen, bewirkt bei der betreffenden Person, dass die Awareness deutlich ansteigt, im Zeitverlauf aber auch wieder stetig abnimmt. Die Lösung: mehrere Medienkontakte.

Die mittlere Grafik zeigt, dass mehrere Medienkontakte helfen, die Erinnerung an die Marke „wach zu halten", jedoch nimmt mit jedem Medienkontakt die Wirkung etwas ab, irgendwann ist dann der sogenannte Grenznutzen erreicht (untere Grafik), ab dem deutlich mehr Medienkontakte notwendig sind, um eine spürbare Erhöhung bei der Awareness zu bewirken.

Für die Planung einer Marketingaktion bedeutet das: Regelmäßige Medienkontakte sind gut, zu viel Werbung ist aber nicht immer wirtschaftlich.

5.4.2 Medienwirkung

Unterschiedliche Medien haben eine unterschiedliche Wirkung. Hier ist als Beispiel ein Vergleich zwischen der Wirkung von Anzeigenwerbung und einem Werbespot aufgeführt. Das Ergebnis lässt sich sicherlich auch gut auf andere Medien anwenden.

Gedruckte Werbung hat den Vorteil, dass die Betrachtungszeit länger ist (bei Interesse), außerdem entfaltet die Printanzeige ihre Wirkung zeitverzögert, dafür aber auch deutlich langanhaltender. Begründet werden kann dies durch die ggf. nicht sofortige Nutzung und durch die Mehrfachnutzung entweder im Haushalt oder sogar darüber hinaus, z. B. in einer Arztpraxis. Printwerbung vermittelt allerdings bei vielen Produkten kein so intensives Produkterlebnis wie Fernsehwerbung.

In der Grafik rechts wurde der Werbeeffekt einer einzelnen Printanzeige mit der Wirkung einer einfachen Schaltung eines Werbespots verglichen. Der Werbespot hat kurzzeitig einen großen Effekt, dieser lässt jedoch schnell wieder nach. Die Printanzeige wirkt nicht so stark, dafür hält ihre Wirkung länger an. In den meisten Fällen ist ein Medienmix sinnvoll.

Printwerbung hat eine informativere Ausrichtung und ermöglicht eine selektive Zielgruppenansprache. Ein Werbespot kann jedoch viel besser Produktvorteile zeigen und Emotionen vermitteln.

Ein Medienmix hat den Vorteil, dass er eine bessere Glaubwürdigkeit besitzt, ähnlich wie im realen Leben wirkt eine Information für uns glaubwürdiger, wenn wir sie aus unterschiedlichen Quellen erfahren. Außerdem können beim Medienmix die genutzten Medien jeweils ihre Vorteile zum Wohle des Unternehmens bzw. der Marke entfalten.

5.4.3 Push & Pull

Push
Bei der Push-Strategie *drückt* das Unternehmen seine Produkte in den Markt, es versucht über die Verfügbarkeit im Handel die Produkte an den Kunden zu bringen.

Das Unternehmen platziert Werbung am POI (Point of Interest) und POS (Point of Sale), es bringt das Produkt dem Kunden näher, er kann es sich dann beim Discounter, Drogeriemarkt oder Baumarkt anschauen und den Kauf tätigen. Händler müssen ggf. überzeugt werden, das Produkt ins Sortiment aufzunehmen.

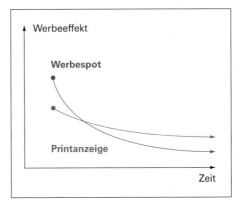

Werbeeffekt

Vergleich einer Printanzeige mit einem Werbespot

Pull
Bei der Pull-Strategie *zieht* der Kunde das Produkt an sich, die Nachfrage ist bereits da und muss nicht erst geweckt werden.

Die Kunden wollen von sich aus das Produkt kennenlernen und *ziehen* sich hierzu z. B. Informationen aus dem Internet. Dem Kunden muss das Produkt nur noch näher vorgestellt werden.

Mediaplanung
Für die Werbeplanung müssen meist beide Strategien verfolgt werden. Bei *Push* ist am Anfang etwas mehr Werbung notwendig, doch auch für Pull ist eine hohe Medienpräsenz und die Verfügbarkeit im Handel wichtig.

Push & Pull

Absatzstrategien für unterschiedliche Kundenbedürfnisse

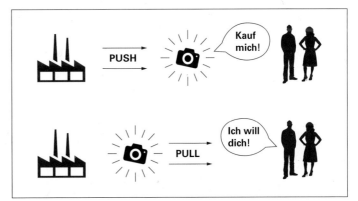

5.4.4 Planungsprozess

Bei der Planung einer Werbekampagne gilt es meist, Antworten auf die folgenden Fragen zu finden:

- Welche Marketingziele sollen verfolgt werden?
- Welche Werbeziele sollen verfolgt werden?
- Welcher Werbeetat steht zur Verfügung?
- Was sind die zu bewerbenden Produkte oder Dienstleistungen (Werbeobjekte)?
- Wer ist die Zielgruppe (Werbesubjekte)?
- In welchem Zeitrahmen soll die Kampagne ablaufen?
- In welchen Regionen soll die Kampagne durchgeführt werden?
- Welche Werbemittel (Anzeige, Spot usw.) sollen benutzt werden?
- In welchen Werbeträgern (Zeitung, Fernsehen, YouTube usw.) sollen die Werbemittel eingesetzt werden?
- Funktionieren die Werbemittel bei repräsentativ ausgewählten Vertretern der Zielgruppe (Pretest)?

Nach der Durchführung der Kampagne wird üblicherweise geprüft, ob die Ziele erreicht wurden, um für künftige Kampagnen aus den Ergebnissen zu lernen.

Die Nutzung eines Medienmixes, also unterschiedlicher Werbemittel und Werbeträger, ist besonders erfolgversprechend. Für diese Art von Kampagne gibt es verschiedene Bezeichnungen.

Ob „360-Grad-Kampagne", „Cross-Channel-Strategie" oder „Multichannel-Strategie" gemeint ist stets die ergänzende Nutzung aller verfügbaren Kommunikationskanäle. Das Zusammenspiel möglichst vieler Medien verspricht eine optimale Verbreitung von Unternehmensbotschaften. Eine genaue Abstimmung der einzelnen Werbemittel

aufeinander ist natürlich Voraussetzung für eine erfolgreiche Durchführung.

5.5 Werbewirkung

5.5.1 AIDA

Das AIDA-Prinzip ist ein vierstufiges Modell, das 1898 ursprünglich für Verkaufsgespräche entwickelt wurde.

Es beschreibt die Phasen, die einen Kunden zu einer Kaufentscheidung bewegen, und wird vor allem in der Werbebranche angewendet:

- *Attention* (Aufmerksamkeit des Kunden erregen): Hilfsmittel für einen solchen Eyecatcher sind: schöne Frauen/ Männer, nackte Haut, neugierig machende Fotos, Tiere, Kinder, grelle Farben, besondere Sprüche ...
- *Interest* (Interesse des Kunden am Produkt wecken): Hilfsmittel, um „Interest" zu erreichen: eine Geschichte erzählen, eine Aussage, ein Wortwitz, ein Rätsel, eine Andeutung ...
- *Desire* (Wunsch nach dem Produkt wecken): Hilfsmittel, um „Desire" zu erreichen: Ein Produkt bekommt einen bestimmten Status oder ein bestimmtes Image zugewiesen. Der Käufer wirkt dadurch sexy, erfolgreich, bekommt viele Freunde oder hat irgendeinen anderen Vorteil ...
- *Action* (Kunde kauft das Produkt): Hilfsmittel, um „Action" zu erreichen: Produktabbildungen, Herstellerlogo, Kontaktinformationen, ggf. direkte Aufforderung zum Kauf, durch Begriffe wie „jetzt", „sofort" oder „nur für kurze Zeit".

Beispielhaft wenden wir nun das AIDA-Prinzip bei der Anzeige oben rechts an:

Making of ...

1 Wohin führt der erste Blick beim Betrachten der Anzeige? Vermutlich geht es hier Männern wie Frauen gleich, der erste Blick – die Aufmerksamkeit (Attention) – geht zum Testimonial Anke Engelke, die dem

Werbeanzeige von Schweppes

Betrachter zuzwinkert, sie ist der Eyecatcher der Anzeige.

2 Jetzt werden sich die meisten fragen: „Was trinkt die denn da?" Das Interesse (Interest) ist also geweckt. Der Blick geht nach rechts, dies wird durch die Körperhaltung von Anke Engelke unterstützt. Man liest die Aussage von Anke Engelke, sagt: „Könnte ich selbst nicht besser machen." Dann muss das Getränk ja lecker sein.

3 Beim Betrachten der bunten Flaschen und Lesen des restlichen Textes wird nun – so hofft es zumindest der Hersteller Schweppes – der Wunsch (Desire) entstehen, dieses Getränk selbst zu probieren.

4 Wird es zum Kauf (Action) kommen? Das Herstellerlogo ist deutlich zu sehen und die dargestellten Flaschen stellen sicher, dass man beim nächsten Einkauf das Produkt wiedererkennen kann.

Werbeanzeige von
KFC

Brot." bestätigt werden soll (Prove).
Der Satz „Isst Du auch schon Double
Down?" fordert schließlich zum Kauf
auf (Push).

5.5.3 KISS

Das KISS-Prinzip besagt, dass stets die
einfachste mögliche Lösung eines Problems gewählt werden sollte. Dabei ist
KISS ein Akronym, das wahlweise eine
der unten aufgezählten Bedeutungen
haben kann.

In seiner Grundaussage ähnelt
es sehr *Ockhams Rasiermesser*, das
besagt, dass in der Wissenschaft die
Theorie zu bevorzugen ist, die weniger Annahmen machen muss, um
gemachte Beobachtungen zu erklären.
Vergleichbar ist auch das Prinzip der
Einfachheit.

- Keep it short and simple: „Gestalte es
  kurz und einfach."
- Keep it simple and stupid: „Halte es
  einfach und leicht verständlich."
- Keep it small and simple: „Gestalte es
  klein und einfach."
- Keep it sweet and simple: „Gestalte
  es gefällig und einfach."
- Keep it simple and smart: „Mach es
  einfach und schlau."
- Keep it strictly simple: „Mach es kon-
  sequent einfach."

Das KISS-Prinzip entstammt ursprünglich dem Bereich der Informatik. Als
Designprinzip beschreibt es im Ge-
gensatz zu einer Problemlösung in der
Form eines Workarounds die möglichst
einfache, minimalistische und leicht
verständliche Lösung eines Problems,
die meistens als optimal angesehen
wird. Daneben wird das KISS-Prinzip
immer häufiger im allgemeinen Zusammenhang mit komplexen Planungsauf-
gaben, im Marketing und der Werbung
verwendet, wo es sich neben dem

5.5.2 PPPP

PPPP ist wie AIDA auch ein Stufenmo-
dell, d. h., die Werbung muss bei der
Analyse alle Stufen erfolgreich durch-
laufen und kann auf jeder Stufe scheitern. PPPP hat auch inhaltlich starke
Ähnlichkeiten mit AIDA:

- *Picture* (Bild): Ein Bild lenkt die Aufmerksamkeit auf sich.
- *Promise* (Versprechen): Ein Versprechen wird gegeben, meist ein Grund,
  das Produkt zu kaufen.
- *Prove* (Beweis): Testimonials, Testbe-
  richte oder nähere Informationen lö-
  sen das Versprechen ein, sie machen
  es glaubwürdig.
- *Push* (Anstoß): Der Kauf wird ange-
  stoßen, durch direkte Aufforderung
  oder die Platzierung von Informationen, wie Logo, Adresse, Website usw.

Betrachten wir dazu die Anzeige von
KFC oben auf der Seite. Das Bild lenkt
durch die große Darstellung des Essens
die Aufmerksamkeit auf sich (Picture),
die Aussage „Voll voll lecker lecker!!"
gibt ein Versprechen (Promise), das von
dem Stopper „Doppelt Fleisch. Ohne

PRESS TO HEAR THE MOTOR START

TESLA   0 engines | 0 emissions | 100% electric

AIDA-Modell inzwischen fest etabliert hat. Die KISS-Methode vereinfacht den Informationsgehalt so weit, dass der Leser auch bei nur zehnprozentiger Konzentrationsbereitschaft den Vorteil erkennt.

Wenn Sie die Anzeige von Tesla links betrachten, werden Sie feststellen, dass sie im Wesentlichen eine Aussage enthält und ansonsten kaum ablenkende Inhalte aufweist, sie ist also „kurz und einfach".

5.5.4   RIC

RIC ist die Abkürzung für „Readerships Involvement Commitment", frei übersetzt bedeutet das: „Den Leser möglichst unbewusst festhalten, involvieren, ins Gespräch verwickeln."

Bei RIC werden bestimmte psychologische Elemente, wie Spieltrieb, Neugierde oder Ich-Bedürfnis, genutzt, um den Leser dazu zu bewegen, sich mit der Gesamtinformation länger zu befassen.

Solche Packages, die nach der RIC-Methode aufgebaut sind, kennt jeder. Gutes Beispiel ist die unten abgebildete ausziehbare Karte oder auch Prospekte und Karten, auf denen gerubbelt, herausgedrückt oder etwas hineingesteckt werden kann. Gelegentlich dienen auch

Ausziehbare Einladungskarte

dreidimensionale Elemente, wie ein Faltwürfel, als Blickfang.

Die RIC-Methode bringt aber auch Gefahren mit sich. Das Problem liegt im Übergang vom Gag zum Produkt. Der Aufhänger, das Spielchen, das Wackelbild darf nicht zu weit vom Produkt wegführen. Der Gag macht sich sonst selbstständig und die Nahtstelle zum Produkt wird zu einer Bruchstelle.

Der Gag soll nur als Eröffner dienen und nicht die Hauptrolle übernehmen, er soll die Tür öffnen, aber die eigentliche Nachricht nicht blockieren.

5.5.5 GIULIA

Für die Analyse von Gestaltung im Internet kann das bekannte GIULIA-Prinzip hilfreich sein, die Buchstaben stehen für:

- *Glaubwürdigkeit*
- *Information*
- *Unverwechselbarkeit*
- *Lesbarkeit*
- *Interesse*
- *Aufmerksamkeit*

Im Vergleich zu AIDA geht GIULIA von einem anderen Ansatz im Verhältnis zwischen Werbung und potenziellem Kunden aus. Erst durch ein Vertrauensverhältnis zwischen den beiden entsteht Interesse an Produkten oder Dienstleistungen.

5.5.6 ISI

Beim ISI-Modell geht es um die Untersuchung der Wirkung von Zeichen auf den Empfänger. Man unterscheidet dabei nach imperativer, suggestiver und indikativer Wirkung:

- *Imperative* Wirkung: Es herrscht Befehlston, der Empfänger der Botschaft soll zu einer Aktion, z. B. dem Kauf, bewegt werden.
- *Suggestive* Wirkung: Die Gefühle des Empfängers sollen beeinflusst werden, er soll z. B. das Bedürfnis bekommen, etwas zu besitzen.
- *Indikative* Wirkung: Dem Empfänger wird etwas erklärt, er soll verstehen, dass z. B. das Produkt aufgrund seiner Eigenschaften gut für ihn geeignet ist.

Werbung kann über alle drei Wirkungsweisen funktionieren, je nach Produkt eignet sich eine der drei besser als die anderen. Die Anzeige von Opel links wirkt am ehesten *indikativ*.

5.6 Aufgaben

1 Kaufmotive kennen

Erklären Sie kurz die folgenden Bezeichnungen für Kaufmotive:

USP:

UAP:

Consumer Benefit:

Reason why:

Supporting-Evidence:

2 Motiv- und Emotionssysteme kennen

Nennen Sie zu den drei Motiv- und Emotionssystemen jeweils zwei passende Kaufanreize:

Balance:

Stimulanz:

Dominanz:

3 Archetypen kennen

Erklären Sie, was man unter Archetypen versteht.

4 Archetypen kennen

Nennen Sie sechs der zwölf Archetypen.

1.

2.

3.

4.

5.

6.

5 Storytelling kennen

Erklären Sie, was man unter Storytelling versteht.

6 Maslowsche Bedürfnispyramide kennen

Erklären Sie den Unterschied zwischen Defizitbedürfnissen und Wachstumsbedürfnissen.

7 Werbearten kennen

Beschreiben Sie die Ziele der folgenden Werbearten und nennen Sie je ein Beispiel:

Absatzwerbung:

Beispiel:

Public Relations:

Beispiel:

Verkaufsförderung:

Beispiel:

8 Werbearten kennen

Erklären Sie kurz die folgenden Bezeichnungen für Werbearten:

Sponsoring:

Co-Branding:

Event-Marketing:

Influencer:

9 Werbemedien kennen

Nennen Sie zu den folgenden Gruppen von Werbemedien jeweils ein Beispiel:

Audiovisuelle Werbung:

Direktmarketing:

Werbeartikel: ....

Werbetechnik: ....

10 AIDA-Prinzip anwenden

Wenden Sie das AIDA-Prinzip auf die Anzeige von O₂ an.

A:

I:

D:

A:

11 KISS-Prinzip anwenden

Wenden Sie das KISS-Prinzip auf die Anzeige von Birkel an.

6.1 Lösungen

6.1.1 Einführung

1 Marketing definieren

Unternehmensbereich, der sich mit dem Absatz erzeugter Güter oder Dienstleistungen auf einem Markt beschäftigt.

2 Marketing definieren

1. P: Product (Produkte)
2. P: Price (Preise)
3. P: Place (Märkte)
4. P: Promotion (Werbung)

3 Marketingbegriffe kennen

- Branding ist der Prozess der Markenentwicklung, der basierend auf Werten stattfindet.
- Corporate Identity ist das Ziel eines Unternehmens, nach außen und innen einheitlich und stimmig zu wirken. Die Corporate Identity richtet sich nach dem Branding.
- Unter Werbung sind einzelne Werbemaßnahmen zu verstehen, die sich nach dem Corporate Design richten.

4 Marketingziele kennen

1. *Quantitative Ziele*: Ziele, die eine wirtschaftliche Verbesserung herbeiführen sollen, z. B. „Umsatzsteigerung".
2. *Qualitative Ziele*: Diese Ziele wirken indirekt. Das Ziel einer höheren Markenbekanntheit führt meist auch zu mehr Umsatz.
3. *Strategische Ziele*: Diese Ziele werden meist erst im Verlauf von vielen Jahren in kleinen Schritten erreicht. Ein Beispiel für ein solches Ziel ist die Veränderung des Produktsortiments.

5 Marketingstrategien kennen

- *Marktdurchdringung*: Ein bestehendes Produkt oder eine bestehende Dienstleistung soll erfolgreicher vermarktet werden.
- *Diversifikation*: Die Produktion bzw. das Sortiment eines Unternehmens wird um neue, bis dahin nicht erzeugte bzw. angebotene Produkte erweitert.
- *Präferenzstrategie*: Der Erfolg des Unternehmens wird über relativ hohe Preise, verbunden mit hoher Produktqualität gesichert.
- *Segmentierungsstrategie*: Hiermit ist die Konzentration auf bestimmte Marktsegmente gemeint.

6 Distribution kennen

Distribution beschäftigt sich mit den Absatzkanälen, also wie ein produziertes Gut oder eine Dienstleistung zum Endkunden kommt.

7 B2B und B2C kennen

- B2B: Business to Business
- B2C: Business to Consumer

8 Franchising kennen

Ein Zwischenhändler bekommt die Genehmigung, gegen Entgeld das Design und die Geschäftsidee eines Unternehmens zu nutzen, um dessen Waren zu verkaufen oder Dienstleistungen zu vertreiben.

9 Möglichkeiten beim Produktsortiment kennen

1. Produktinnovationen
2. Produktvariation
3. Produktdifferenzierung

© Springer-Verlag GmbH Deutschland, ein Teil von Springer Nature 2019
P. Bühler et al., *Medienmarketing*, Bibliothek der Mediengestaltung,
https://doi.org/10.1007/978-3-662-55395-4

4. Produktdiversifikation
5. Produkteliminierung

10 Möglichkeiten beim Produktsortiment kennen

- „?": Ein neues Produkt wird entwickelt, man muss irgendwann entscheiden, ob man es fördert oder ob man aus der Entwicklung aussteigt.
- „Star": Das neue Produkt wird bekannt, die Marktanteile steigen rasch und bergen noch ein hohes Marktwachstumspotenzial.
- „Cashcow": Eine hohe Marktdurchdringung sichert Gewinn über die Masse, die Gewinne erreichen jedoch ein Maximum, die Preise beginnen zu sinken.
- „Arme Hunde": Umsatz und Gewinn brechen ein, das Produkt wird zum Problemfall, ein Preisverfall tritt ein. Man lässt des Produkt nun auslaufen.

11 Gesetz der Nachfrage kennen

Lösung siehe Abbildung rechts oben.

12 Marktforschung kennen

- Produkttests
- Packungstests
- Werbemittelforschung
- Werbewirkungsforschung
- Trendbeobachtungen
- Untersuchungen zur Preispolitik
- Studien zu Umweltfragen
- Absatzpotenzialschätzungen
- Marktpotenzialuntersuchungen
- Marktstrukturanalysen
- Absatzanalysen
- Testmarktuntersuchungen
- Namenstest
- Blickbewegungsmessung
- Usability-Test

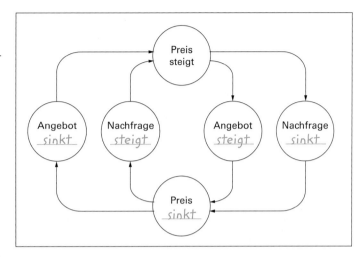

13 Kundenbezeichnungen kennen

Von Key-Account-Kunden hängt der wirtschaftliche Erfolg eines Unternehmens ab, diese Kunden werden besonders behandelt und erhalten meist einen eigenen Ansprechpartner.

6.1.2 Zielgruppen

1 Begriff Zielgruppe definieren

Eine Gruppe von Personen, die als relevant für eine Marketingmaßnahme angesehen werden.

2 Zweck von Zielgruppen kennen

1. Um Streuverluste zu vermeiden.
2. Um Medien leichter konzipieren und gestalten zu können.

3 Marktsegmentierung kennen

Ein Markt wird in Bereiche unterteilt, z. B. nach demografischen Kriterien.

4 Zielgruppenbegriffe kennen

- *DINK*: Junge Paare ohne Kinder, die beide über Einkommen verfügen.
- *LOHAS*: Personen, deren Lebensstil von einem ausgeprägten Gesundheitsbewusstsein und nachhaltigem Handeln geprägt ist.

5 Soziodemografie kennen

Unter Soziodemografie versteht man die Beschreibung einer Zielgruppe nach demografischen und sozioökonomischen Merkmalen.

6 Nielsen -Gebiete kennen

Das Marktforschungsinstitut Nielsen teilt ein Land in regionale Gebiete zur Marktforschung ein.

7 Sinus-Milieus kennen

Bei den Sinus-Milieus wird die Bevölkerung nach Lebensstil und sozialen Schichten aufgeteilt.

8 Semiometrie kennen

Semiometrie basiert auf Wertestrukturen der jeweiligen Zielgruppe, die über die Bewertung von Wörtern gemessen wird.

6.1.3 Branding

1 Begriff Branding definieren

Branding bedeutet den Aufbau einer Marke, also den Prozess, ein Corporate Image aufzubauen, bei dem eine Marke mit bestimmten Werten verbunden wird.

2 Markenfunktionen kennen

- Vertrauen
- Orientierung
- Identifikation
- Qualitätssicherung
- Prestige

3 Markenfunktionen kennen

- Differenzierung (Unterscheidbarkeit)
- Kundenbindung
- Effiziente Marktbearbeitung
- Wertsteigerung
- Präferenzbildung
- Preispolitischer Spielraum
- Plattform für neue Produkte

4 SWOT-Analyse kennen

- S: Strengths (Stärken)
- W: Weaknesses (Schwächen)
- O: Opportunities (Chancen)
- T: Threats (Bedrohungen)

5 SWOT-Analyse anwenden

Lösungsvorschlag siehe Abbildung auf der rechten Seite oben.

6 Positionierungskreuz anwenden

Lösungsvorschlag siehe Abbildung auf der rechten Seite unten.

7 Markenwerte kennen

- *Kernwerte*: Werte von zentraler Bedeutung, über die sich eine Marke definiert.
- *Differenzierungswerte*: Werte, durch die sich eine Marke von der Konkurrenz unterscheidet.
- *Branchenwerte*: Werte, die notwendig sind, um in der Branche zu überleben.

8 Imagetransfer kennen

Ein Imagetransfer ist die Übertragung von Werten, die mit einem Objekt, einer anderen Marke, einer Person oder einem Tier verbunden werden, auf die eigene Marke.

9 Begriffe zur Markenbekanntheit kennen

- *Brand Awareness unaided*: Ungestützte Markenbekanntheit, es geht um vorrangig präsente Marken im Gedächtnis der befragten Person.
- *Advertising Awareness aided*: Gestützte Bekanntheit einer Werbekampagne, man möchte wissen, wie gut die Werbeerinnerung ist.

10 Naming kennen

- lesbar
- sprechbar
- einzigartig
- kurz
- merkfähig
- ansprechendes Aussehen
- Emotionen auslösen
- Assoziationen ermöglichen

11 Produktnamen bewerten

a. Müsli:
  - Aussagekraft: Der Produktname gibt Auskunft über die Produktbeschaffenheit, auch wenn „Weniger süß" eine subjektive Aussage ist.
  - Merkfähigkeit: Der Name ist zu lang und nicht einzigartig genug, um ihn sich gut merken zu können.
b. Spielzeugwaffe:
  - Aussagekraft: Einige Begriffe können von der Bedeutung her dem Thema zugeordnet werden, wirklich aussagekräftig ist der Name aber nicht. Der Name suggeriert ein technisch komplexes Produkt.

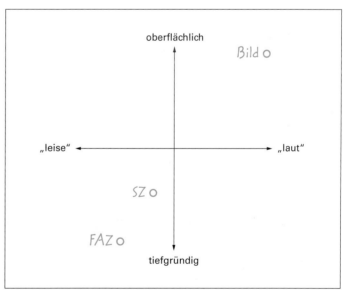

- Merkfähigkeit: Die fast endlose Aneinanderreihung von Begriffen schließt eine Merkfähigkeit beinahe aus.

12 Schützbare Marken kennen

- Wortmarke
- Wort-Bild-Marke
- Bildmarke
- Farbmarke

13 Slogan/Claim kennen

- kurze Aussage
- vermittelt Beschreibung
- vermittelt Emotionen
- einprägsam
- verständlich
- markenbezogen

6.1.4 Corporate Identity

1 Corporate Identity definieren

Corporate Identity stellt die Absicht eines Unternehmens oder einer Institution dar, nach innen und außen als geschlossene Einheit aufzutreten.

2 Säulen der Corporate Identity beschreiben

1. *Corporate Design*: Hierbei geht es um ein einheitliches Erscheinungsbild, also z. B. um die Verwendung einer einheitlichen Schrift.
2. *Corporate Communication*: Werbeaussagen und Aussagen von Mitarbeitern werden passend zu den Unternehmenszielen formuliert.
3. *Corporate Behaviour*: Das Verhalten des Unternehmens und seiner Mitarbeiter richtet sich nach den Werten, für die ein Unternehmen steht.

3 Komponenten des Corporate Designs kennen

- Logo
- Farben
- Schrift
- Geschäftsausstattung
- Internetauftritt
- Werbeträger, wie Flyer usw.
- E-Mail-Signatur
- Fahrzeugbeschriftung
- Fassadengestaltung

4 Logovarianten kennen

1. Wortzeichen: Esprit
2. Kombiniertes Zeichen: Müller
3. Bildzeichen: Apple
4. Buchstabenzeichen: DPD
5. Zahlenzeichen: 4711

5 Logos gestalten

- Eindeutiger Firmenbezug
- Abstrahierte, stilisierte Darstellung
- Vektorgrafik
- Hohe Wiedererkennbarkeit
- Farb- und Schwarzweißvariante
- Reproduzierbar in allen Größen und in allen Medien

6 Sound für das Corporate Design nutzen

a. Ein Soundlogo ist eine kurze, einprägsame Melodie, die eine Assoziation zum Unternehmen schaffen soll.
b. Sound kommt durch die Verbreitung der audiovisuellen Medien (Internet, Fernsehen, Radio) eine große Bedeutung zu. Durch Sound wird ein weiterer Sinn (Hörsinn) des Menschen angesprochen.

7 Farbe für das Corporate Design einsetzen

- Farbe schafft (positive) Assoziationen.
- Farbe trägt zur Wiedererkennung bei.
- Farbe besitzt eine Leit- und Führungsfunktion.
- Farbe funktioniert in allen visuellen Medien.

8 Farbsysteme kennen

- Hexadezimal: Website
- CMYK: Flyer
- RAL: Fahrzeugbeschriftung

9 Schrift für ein Corporate Design auswählen

- Lesbarkeit ist das oberste Gebot!
- Zielgruppe beachten.
- Schriftcharakter schafft Bezug zum Unternehmen bzw. zu dessen Produkten.
- Schrift muss in Print- und Digitalmedien verfügbar und verwendbar sein.
- Schrift muss zeitlos sein, keine aktuelle „Modeerscheinung".

10 Bilder auswählen

a. Bild D und Bild C, da Bild C eine Wohlfühlatmosphäre vermittelt, es steht für „es sich gut gehen lassen". Alternativbild F scheidet aus, da es eher für Einsamkeit steht.

b. Bild A und Bild E, da es vom Stil und der Schräge her gut zu Bild A passt. Bild B kommt nicht in Frage, da es durch den Blickkontakt eine eher bedrohliche Wirkung auf den Betrachter hat.

11 Styleguide beschreiben

Ein Styleguide stellt die „Bedienungsanleitung" des Corporate Designs dar. Er bildet damit die schriftliche Grundlage für die Umsetzung des CD in der Praxis.

12 Corporate Design erkennen

1. Logo
2. Schrift
3. Farbe
4. Gestaltungsraster
5. Bildsprache

6.1.5 Werbung

1 Kaufmotive kennen

- *USP:* Unique Selling Proposition – der einzigartige Produktvorteil ist ein Produktmerkmal, das sich von Konkurrenzprodukten abheben.
- *UAP: Unique Advertising Proposition* – das einzigartige Werbeversprechen hebt einen speziellen Produktvorteil hervor.
- *Consumer Benefit:* Ein Nutzen, von dem die Zielgruppe profitiert.
- *Reason why:* Ein Grund, warum das Produkt gekauft werden soll.
- *Supporting Evidence:* Ein Zusatznutzen für den Kunden

2 Motiv- und Emotionssysteme kennen

- *Balance*: Sicherheit, Stabilität, Verlässlichkeit, Kontinuität, Geborgenheit, Geselligkeit, Gemeinschaft
- *Stimulanz*: Entdeckung, Interesse, Abwechslung, Individualität, Unterhaltung, Belohnung, Fröhlichkeit
- *Dominanz*: Konkurrenz, Verdrängung, Aktivität, Macht, Durchsetzung,

Status, Autonomie, Fortpflanzung,
Attraktivität, Eroberung

3 Archetypen kennen

Archetypen sind Verhaltensvorbilder,
die in jedem von uns mehr oder
weniger tief verwurzelt sind. Diese
idealisierten Fantasiefiguren eignen
sich besonders gut für den Einsatz in
der Werbung, da jeder von ihnen bestimmte Werte verkörpert.

4 Archetypen kennen

- Beschützer
- Herrscher
- Held
- Schöpfer
- Zauberer
- Rebell
- Weiser
- Entdecker
- Ehrlicher
- Durchschnittstyp
- Liebhaber
- Spaßvogel

5 Storytelling kennen

Das Erzählen einer Geschichte in der
Werbung, im Idealfall mit gutem Bezug
zum Produkt. Geschichten haben eine
hohe Merkfähigkeit, die sich die Werbung gerne zu Nutze macht.

6 Maslowsche Bedürfnispyramide kennen

Defizitbedürfnisse sichern das Überleben, nur wenn diese Bedürfnisse
befriedigt werden, ist der Mensch „zufrieden". Wachstumsbedürfnisse können
nie vollständig erreicht werden, aber
auch die teilweise Befriedigung macht
glücklich.

7 Werbearten kennen

- *Absatzwerbung*: Absatzwerbung ist
  produktbezogene Werbung mit dem
  Ziel, mehr Produkte zu verkaufen.
  - Beispiel: Werbespot, Anzeige
- *Public Relations*: Beinhaltet alle Maß-
  nahmen zur Pflege der Beziehung
  zur Öffentlichkeit mit dem Ziel, das
  Unternehmensimage zu verbessern.
  - Beispiel: Tag der offenen Tür,
    Sponsoring
- *Verkaufsförderung*: Wirkt eher indi-
  rekt und hat das Ziel, den Umsatz
  des Unternehmens zu steigern.
  - Beispiel: Event-Marketing, Ge-
    winnspiel

8 Werbearten kennen

- *Sponsoring*: PR-Maßnahme, bei der
  durch eine finanzielle Zuwendung
  das Unternehmensimage verbessert
  werden soll.
- *Co-Branding*: Marken mit Synergieeffekten kooperieren in der Werbung.
- *Event-Marketing*: Vom Unternehmen
  initiierte Veranstaltungen bewerben
  die Marke.
- *Influencer*: „Normale" Personen, die
  eine starke Präsenz und ein hohes
  Ansehen in sozialen Netzwerken
  genießen, thematisieren ein Unternehmen und seine Produkte.

9 Werbemedien kennen

- Audiovisuelle Werbung: Radiospot,
  Fernsehspot, Internetbanner ...
- Direktmarketing: Werbebrief, News-
  letter ...
- Werbeartikel: USB-Stick, Kugelschrei-
  ber, Regenschirm ...
- Werbetechnik: Fahrzeugbeschriftung,
  Banner, Beschilderung ...

10   AIDA-Prinzip anwenden

- A: Die Frau, die gerade mit ihrem Smartphone ein Selfie macht und sich dabei stark aus dem Autofenster lehnt, ist sicherlich der Eyecatcher dieser Anzeige. Die Aufmerksamkeit (Attention) ist zunächst auf sie gerichtet, zumal das Bild das ganze Plakat ausfüllt und die Frau relativ mittig platziert wurde.
- I: Die meisten werden sich nun dafür interessieren, was die Frau so glücklich macht, und den Text lesen. Das Interesse (Interest) ist also geweckt und der Betrachter beschäftigt sich mit der Anzeige.
- D: Der Blick geht nach oben zum Text „Freiheit ist, wenn man das schönste Selfie für sich selbst behält." Die Anzeige möchte damit sagen, dass es auch mal schön sein kann, ein Selfie nicht zu posten und einfach den Moment für sich selbst zu genießen. Es soll also der Wunsch (Desire) geweckt werden, auch mal umzudenken und nicht immer gleich alles mit anderen Menschen zu teilen. Ob dadurch auch der Wunsch entsteht, zu O_2 zu wechseln, muss jeder für sich beantworten.
- A: Wenn die Anzeige erfolgreich war und der Betrachter nun tatsächlich zu O_2 wechseln will bzw. sich näher informieren will (Action), dann erhält er auf der Anzeige alle notwendigen Informationen dazu: Markenlogo und Webadresse sind vorhanden.

11   KISS-Prinzip anwenden

Die Anzeige von Birkel wurde schlicht gestaltet, alles ist in Gelb gehalten, ein großes Produktfoto, bei dem das Produkt zusätzlich von frischen Zutaten umgeben ist, bildet den Mittelpunkt der Anzeige. Der Slogan „Nudel macht erfinderisch" erklärt die ungewöhnliche Nudelsorte „Limone Schnittlauch" und das zusätzliche Markenlogo rechts unten stellt sicher, dass man sich den Markennamen auch wirklich merkt. Alles in allem ist die Anzeige „kurz und einfach" gestaltet und erfüllt somit das KISS-Prinzip.

6.2 Links und Literatur

Links

Weitere Informationen zur Bibliothek der Mediengestaltung:
www.bi-me.de

Corporate Design Manuals
www.ci-portal.de
www.designtagebuch.de/wiki/corporate-design-manuals

CD der Marke Daimler
designnavigator.daimler.com

Ranking von Markenwerten
www.forbes.com/powerful-brands/list/

Literatur

Andreas Baetzgen
Brand Design: Strategien für die digitale Welt
Schäffer-Poeschel Verlag 2017
ISBN 978-3791039176

Bertram Barth et al.
Praxis der Sinus-Milieus
Springer Vieweg 2017
ISBN 978-3658193348

Joachim Böhringer et al.
Kompendium der Mediengestaltung
I. Konzeption und Gestaltung
Springer Vieweg 2014
ISBN 978-3642545801

Peter Bühler et al.
Printdesign: Entwurf – Layout – Printmedien
(Bibliothek der Mediengestaltung)
Springer Vieweg 2018
ISBN 978-3662546086

Peter Bühler et al.
Typografie: Schrifttechnologie – Typografische Gestaltung – Lesbarkeit (Bibliothek der Mediengestaltung)
Springer Vieweg 2017
ISBN 978-3662539118

Peter Bühler et al.
Zeichen und Grafik: Logo – Infografik – 2D-/3D-Grafik (Bibliothek der Mediengestaltung)
Springer Vieweg 2017
ISBN 978-3662538494

Daniela Hensel
Understanding Branding
Stiebner Verlag 2015
ISBN 978-3830714330

Philip Kotler, Friedhelm Bliemel
Marketing-Management
Schäffer-Poeschel Verlag 1999
ISBN 978-3791013107

S2, 1: Autoren
S3, 1: www.cocacola.de (Zugriff: 05.08.18)
S3, 2: www.apple.com (Zugriff: 05.08.18)
S3, 3: Autoren
S4, 1: Autoren
S5, 1, 2, 3a, 3b, 3c, 3d, 3e: ww.astra-bier.de (Zugriff: 07.08.18)
S6, 1: Autoren
S7, 1: Autoren
S8, 1, 2: Autoren
S9, 1: Autoren
S10, 1: Autoren
S13, 1: Autoren
S14, 1: Autoren
S15, 1: Autoren
S16, 1: unsplash.com/photos/KhStXRVhfog (Zugriff: 12.08.18)
S17, 1: www.iqm.de/fileadmin/user_upload/ Medien/Online/Süddeutsche_de/Downloads/ Mediadaten_Sueddeutsche.de.pdf (Zugriff: 12.08.18)
S18, 1: spiegel.media/uploads/PDFS/RoteGruppePrint/SP_Broschuere_LOHAS.pdf (Zugriff: 12.08.18)
S19, 1: statcdn.com/promo/infographicService/ Nielsen_Booklet_WEB.pdf (Zugriff: 16.08.18)
S20, 1: Praxis der Sinus-Milieus (ISBN 978-3658193348)
S22, 1, 2: www.tns-infratest.com, Kantar TNS (Zugriff: 19.08.18)
S24, 1: pixabay.com/de/pferd-brand-handwerk-markierung-1679005/ (Zugriff: 24.08.18)
S24, 2a, 2b: Autoren
S25, 1: unsplash.com/photos/nHRXNv2qeDE (Zugriff: 01.08.18)
S26, 1a: pixabay.com/de/vereinbarung-bart-getränke-2548139/ (Zugriff: 01.08.18)
S26, 1b: pixabay.com/de/tätowierung-tattoo-künstler-arm-3268988/ (Zugriff: 01.08.18)
S27, 1: Autoren
S27, 2a: www.prinzen.de (Zugriff: 04.08.18)
S27, 2b: www.aldi-nord.de (Zugriff: 04.08.18)
S28, 1a: pixabay.com/de/kaffebohnen-textur-bohne-1223055/ (Zugriff: 12.07.18)
S28, 1b: pixabay.com/de/frau-modell-essen-trinken-kaffee-2346309/ (Zugriff: 12.07.18)

S28, 2: Autoren
S29, 1, 2: Autoren
S30, 1: Autoren
S30, 2: www.toblerone.ch (Zugriff: 05.08.18)
S31, 1: www.radeberger.de (Zugriff: 05.08.18)
S31, 2: Autoren
S32, 1: www. zott-dairy.com (Zugriff: 05.08.18)
S32, 2: www.haribo.de (Zugriff: 05.08.18)
S32, 3: www.nutella.com (Zugriff: 05.08.18)
S33, 1: register.dpma.de, Axel Springer SE (Zugriff: 20.11.16)
S33, 2: register.dpma.de, Mercedes-Benz Aktiengesellschaft (Zugriff: 11.12.16)
S33, 3a: register.dpma.de, Deutsche Post AG (Zugriff: 20.11.16)
S34, 1a: www.schwaebisch-hall.de (Zugriff: 20.08.18)
S34, 1b: www.nordsee.com (Zugriff: 20.08.18)
S34, 2a: www.muellermilch.de (Zugriff: 20.08.18)
S34, 2b: www.mediamarkt.de (Zugriff: 20.08.18)
S34, 3: www.bitburger.de (Zugriff: 20.08.18)
S34, 4: www.dm.de (Zugriff: 20.08.18)
S34, 5: www.11880.com (Zugriff: 20.08.18)
S35, 1: Autoren
S36, 1: Autoren
S38, 1: Autoren
S39, 1: Autoren
S40, 1: Autoren
S40, 2: pixabay.com/de/arbeitsplatz-team-geschäftstreffen-1245776/ (Zugriff: 30.07.18)
S41, 1: Autoren
S41, 2: pixabay.com/de/geschäft-büro-vertrag-vereinbarung-3167295/ (Zugriff: 30.07.18)
S42, 1: unsplash.com/photos/sQNq223Rr54 (Zugriff: 30.07.18)
S43, 1, 2, 3, 4, 5: Logos der jeweiligen Unternehmen
S44, 1: designnavigator.daimler.com (Zugriff: 01.08.18)
S44, 2: register.dpma.de, Deutsche Telekom AG (Zugriff: 20.11.16)
S45, 1: Logofamilie Stiftung Warentest
S45, 2: corporatedesign.lufthansa.com/d/ Sy9Wlqgm4YPF/downloads#/downloads/ lufthansa-logo (Zugriff: 01.08.18)

S47, 1, 2, 3: designnavigator.daimler.com/ smart_compact_guide (Zugriff: 01.08.18)
S48, 1, 2, 3a, 3b, 4a, 4b: Autoren
S49, 1: www.tirolwerbung.at/wp-content/up-loads/2017/08/gestaltungsleitfaden-der-marke-tirol-tirol-layout.pdf (Zugriff: 08.08.18)
S52, 1a: pixabay.com/de/chirurgie-kranken-haus-arzt-pflege-1807541/ (Zugriff: 12.08.18)
S52, 1b: pixabay.com/de/arzt-op-medizin-ope-ration-2722941/ (Zugriff: 12.08.18)
S52, 2a: pixabay.com/de/handtuch-hibiskus-sauber-pflege-2608073/ (Zugriff: 12.08.18)
S52, 2b: pixabay.com/de/oma-großeltern-glücklich-3012295/ (Zugriff: 12.08.18)
S52, 3a: pixabay.com/de/medizinische-termin-arzt-563427/ (Zugriff: 12.08.18)
S52, 3b: pixabay.com/de/porträt-mann-men-schen-erwachsener-3316389/ (Zugriff: 12.08.18)
S53, 1: www.milka.de (Zugriff: 12.08.18)
S54, 1: Geberit
S54, 2: Glashütte
S55, 1: https://www.youtube.com/ watch?v=Hv464pJW6PA (Zugriff: 14.08.18)
S55, 2: Mercedes-Benz
S55, 3: Volkswagen
S57, 1a, 1b: Astra-Bier, Holsten-Brauerei AG
S58, 1a: Alete, Nestlé Deutschland AG
S58, 1b: HUK-Coburg
S59, 1a: NKL, GKL Gemeinsame Klassenlotterie der Länder
S59, 1b: Maggi, Nestlé Deutschland AG
S60, 1a: Mini
S60, 1b: Head, HTM Sport GmbH
S61, 1: Axe, Unilever Deutschland GmbH
S61, 2a: Andreas Stihl AG & Co. KG
S61, 2b: Dolce & Gabbana
S62, 1: Autoren
S63, 1a: Pampers
S63, 1b: Sparkasse
S63, 2: media.daimler.com (Zugriff: 14.08.18)
S64, 1: werbemittel.handwerk.de
S64, 2a, 2b: www.fritz-kola.de
S65, 1a: Schöffel
S65, 1b: Lufthansa

S65, 2: www.youtube.com/watch?v=lbFzJhhts_4&feature=youtu.be (Zugriff: 14.08.18)
S66,1a: Dior
S66, 1b: Tabac
S67, 1: www.youtube.com/watch?v=ExwCy_gfFLU&feature=youtu.be (Zugriff: 14.08.18)
S68, 1: Autoren
S69, 1: unternehmen.aldi-sued.de (Zugriff: 16.08.18)
S70, 1a: www.hornbach.de (Zugriff: 14.08.18)
S70, 1b: Verkehrsbetriebe Zürich
S70, 2: www.true-fruits.com (Zugriff: 14.08.18)
S71, 1: Autoren
S71, 2: www.audi.de/de/brand/de/neuwagen/ a7/a7-sportback/ausstattung.html (Zugriff: 16.08.18)
S72, 1: www.redbull.com (Zugriff: 22.08.18)
S72, 2: www.instagram.com/p/BdP31_5A6Vu/ ?hl=de&taken-by=bibisbeautypalace (Zugriff: 22.08.18)
S73, 1: McDonald's
S73, 2a: www.designtagebuch.de (Zugriff: 25.08.18)
S73, 2b: www.suedkurier.de (Zugriff: 25.08.18)
S73, 3: www.designtagebuch.de (Zugriff: 25.08.18)
S74, 1a: https://www.youtube.com/ watch?v=BjZXYLe-Fv4&feature=youtu.be (Zugriff: 25.08.18)
S74, 1b: https://www.youtube.com/watch?v=q8 b7fINiLBA&feature=youtu.be (Zugriff: 25.08.18)
S75, 1: Philips
S76, 1: Jako-o
S77, 1a, 1b: Züricher Hochschule der Künste
S77, 2a: Ravensburger Museum
S77, 2b: Langenargener Festspiele
S77, 2c: Bahnbetriebe Blumberg
S78 unten: Diverse Produktabbildungen der Marken dm, Henkel, Lidl und Nestlé
S79 unten: Diverse Produktabbildungen der Marken dm, Henkel, Lidl und Nestlé
S80, 1, 2, 3: Autoren
S81, 1, 2: Autoren
S82, 1: Autoren
S83, 1: Schweppes
S84, 1: KFC

S85,1: Tesla
S85, 2: IST METZ GmbH
S86, 1: Opel
S89, 1: O_2
S89, 2: Birkle
S91, 1: Autoren
S93, 1, 2: Autoren

6.4 Index

Printed by Wilco bv, the Netherlands